BRIGITTE CASAGRANDA

Fotos von Jeanbor

Design von Claude Bouffé

BECHTERMÜNZ VERLAG

EINFÜHRUNG

Dezember...
Dieser Wintermonat ist wie gemacht für das Basteln mit Salzteig. Wenn es draußen kalt ist und schneit, stürmt und früh dunkel wird, verwandeln wir die Küche in eine Modellierwerkstatt für Salzteig.
Man braucht nur etwas Mehl und Salz aus dem Schrank zu holen, um Geschenke zu basteln, die Hände der Kleinen zu beschäftigen und das Haus oder die Wohnung in eine warme Stimmung zu versetzen.
Wenn Weihnachten naht, wird das ganze Haus fröhlicher. Die Türen, Fenster, Wände und Tische werden festlich geschmückt. Es gibt so viele Dekorationsideen für den Weihnachtsabend zur Begrüßung der Gäste oder als Glücksbringer, Geschenke, die man in den Teller oder unter den Tannenbaum legt.
Ich stelle Ihnen zahlreiche Modelle in roten und grünen Farbtönen vor, jedoch auch in gold und weiß.
Ich hoffe von Herzen, daß diese Vorschläge Ihre Phantasie anregen, daß Sie Ideen zum Nachmachen und vor allem zum Verschenken finden werden.
Ich wünsche Ihnen ein schönes Weihnachtsfest.

Brigitte

Direktion: Catherine Franck-Dandres
Edition: Laurence Noirot
Herstellung: Fabienne Rousseau
Grafische Leitung
und Umschlag: Jean-Louis Depaz
Photolitho: Euresys

Genehmigte Lizenzausgabe
für Bechtermünz Verlag im
Weltbild Verlag GmbH, Augsburg 1997
Titel der Originalausgabe: Noël en pâte à sel

Druck und Bindung: G. Canale & C.S.p.A., Torino
Printed in Italy

Für Marie, Sophie und Baptiste

Mein Dank geht an:

Globe Trotter
84000 Avignon

La Maison de Sarah
36, rue Madeleine-Michelis
92200 Neuilly

Bemard Carant
41, boulevard des Batignolles
75008 Paris

Bernard Forestier
55 bis, quai de Valmy
75010 Paris

Rosemarie Schultz
30, rue Boissy-d'Anglas
75008 Paris

Macassar
Quai de Saint-Ouen
93200 Saint-Denis

Patrice Collet
1, allée du Cerf
93421 Villepinte

ÜBERSICHT

Sophie
Cher
Père Noël
J'aimerais:
une poupée,
un livre,

ALLGEMEINE TECHNISCHE HINWEISE

Herstellung des Salzteigs:

Rezept

Für alle in diesem Buch gezeigten Kunstwerke habe ich einen Teig aus ganz normalem Weizenmehl (Typ 55) verwendet, das einen leicht zu verarbeitenden und zu modellierenden Teig ergibt.
Zur Herstellung dieses Teiges genügen drei Zutaten: Mehl, Salz und Wasser sowie drei Arbeitsgeräte: eine Schüssel, ein Glas, ein Holzlöffel.
Das Glas dient als Maßeinheit.

Ein einfaches Rezept:
2 Gläser Weizenmehl,
1 Glas feinkörniges Salz,
1 Glas Wasser.

Schütten Sie das Mehl in die Schüssel, fügen Sie das Salz hinzu und mischen Sie alles gut. Dann bilden Sie in der Mitte eine Vertiefung und gießen auf einmal das Wasser hinein.
Alles gut mit dem Holzlöffel mischen und eine Kugel bilden. Bestäuben Sie die Arbeitsfläche mit Mehl und kneten Sie den Teig darauf gut durch: je länger Sie den Teig kneten, desto glatter, geschmeidiger und klümpchenfreier wird der Teig. Wenn Ihnen der Teig krümelig erscheint, fügen Sie etwas Wasser hinzu und kneten Sie ihn durch, bis er geschmeidig, aber nicht klebrig ist. Wenn der Teig jedoch klebrig ist, fügen Sie etwas Mehl hinzu und kneten Sie ihn durch, bis er eine elastische und feuchte Konsistenz erhält.

Tauchen Sie die Arbeitsgeräte sofort nach Gebrauch ins Wasser, und wenn die Teigkugel fertig ist, säubern Sie die Arbeitsfläche mit einem feuchten Schwamm, der immer griffbereit sein sollte.

Aufbewahrung des Salzteiges

Es ist ratsam, nur die Teigmenge vorzubereiten, die Sie an einem Tag aufbrauchen werden, was nicht immer leicht abzuschätzen ist.

Wenn Teig übrigbleibt, packen Sie ihn luftdicht in Alufolie, Zellophanpapier oder einer luftdichten Dose ein. Vorsicht: bewahren Sie den Teig nicht im Kühlschrank auf, er würde seine schöne Konsistenz verlieren.

Tip : Es ist wichtig, sich während des Modellierens häufig die Hände zu waschen; mit sauberen und frischen Händen fühlt man sich wohler, da das Salz die Haut angreift und austrocknet.

Arbeitsfläche und Tips für das Modellieren

Nachdem Sie den Teig vorbereitet haben, können Sie auf einer glatten Arbeitsfläche, einem Wachstischtuch oder einer Resopalplatte modellieren.

Am besten ist es, wenn man direkt auf Alufolie arbeitet, das man dann auf das Backblech gleiten lassen kann. Sie können auch direkt auf dem Backblech, das mit Alufolie abgedeckt ist, arbeiten; dadurch wird vermieden, daß die Stücke beim Hineinlegen in den Backofen verformt oder beschädigt werden.

Nach der Hälfte der Backzeit muß die Alufolie entfernt werden, damit die Stücke gleichmäßig backen.

Material

Nachdem Sie den Teig vorbereitet und die Arbeitsfläche gesäubert haben, können Sie alle zum Modellieren notwendigen Werkzeuge (siehe Werkzeugliste) bereitlegen sowie - je nach zu modellierenden Stücken - das Zubehör zur Verzierung (siehe Zubehörliste):

WERKZEUGE

1 Küchenmesser mit spitzer Klinge
1 Nudelholz
1 Glas Wasser
1 Backpinsel
Alufolie
1 Trinkhalm
1 Knoblauchpresse
1 Teesieb
1 Töpferspritze (Bastelläden)
verschiedene Aufsätze für die Töpferspritze
Ausstechformen
Rädchen zum Teigschneiden
Modellierstäbchen
Draht und eine Zange zum Schneiden des Drahts
1 Stricknadel

ZUBEHÖR

Moos
Gewürznelken
Wachholderbeeren
Tannenzapfen
Erlenkörner
Strohkranz (-kränze)
Kugel(n) oder Kegel aus Kunstmoos oder Styropor
Kerzen
Pailletten
Goldpaillettenlack zum Sprühen
Mattlack, Klarlack
1 Pinsel
1 Lappen

Nach dem Modellieren

Fixierung

Wenn das Stück fertig modelliert ist und dafür geeignet ist, können Sie ein Stück Draht in Form einer Haarnadel eindrücken (oder mehrere solcher Befestigungen, je nach Form).

Figuren:

Schneiden Sie zwei Stücke Draht und biegen Sie sie in Form von zwei Haarnadeln.

Befestigen Sie diese Nadeln vorsichtig, ohne die Figur zu verformen, an den Schultern.

Nachdem die Figur gebacken, angemalt und lackiert ist, können Sie sie an Nägeln an die Wand oder einen anderen Untergrund hängen, indem Sie Bänder durchziehen.

Backen

Alle Kunstwerke aus Salzteig (außer kleine Stücke, die mit einer Ausstechform gefertigt werden, siehe S. 19) werden in zwei Etappen gebacken : die erste Hälfte der Backzeit bei schwacher Temperatur (100°), die zweite Hälfte der Backzeit bei 125°. Dies ermöglicht ein regelmäßiges und einheitliches Trocknen der Stücke.

Nach der ersten Hälfte der Backzeit bei 100° entfernen Sie die Alufolie. Passen Sie auf, daß Sie sich nicht verbrennen und schützen Sie Ihre Hände mit einem Tuch, da die Stücke heiß sind. Backen Sie dann erneut bei 125°, bis die Stücke auf beiden Seiten trocken sind, eventuell verlängern Sie die Backzeit um einige Minuten. Die gesamte Backzeit ist je nach Volumen und Dicke des Teiges verschieden.
Sie wird bei jedem Stück besonders angegeben. Sie hängt auch vom Backofen ab; es geht also nichts über die Praxis. Sie werden sehr schnell herausfinden, welche Backzeit zum Gelingen Ihrer Kunstwerke erforderlich ist.

Backofen

Der elektrische Umluftbackofen ist ideal, weil die Stücke schneller und gleichmäßiger trocknen, als in einem anderen Backofen.
Elektro- oder Gasbacköfen sind jedoch auch sehr gut geeignet.
Der einzige Ofen, der nicht benutzt werden kann, ist die Mikrowelle, denn die Stücke würden beim Backen Risse bekommen.

Naturfarbene Stücke

Teilen Sie die gesamte Backzeit durch zwei (die Backzeit für jedes Stück wird jeweils angegeben); holen Sie nach der ersten Hälfte der Backzeit bei 100° die Stücke aus dem Backofen und bestreichen Sie sie mit einer Mischung aus Eigelb und Wasser (ein oder zwei Eßlöffel Wasser pro Eigelb). Tun Sie die Stücke zurück in den Backofen und backen Sie sie bei 125°.

Der Teig wird goldgelb, was besonders schön z.B. bei Adventskränzen und Körben aussieht.

Das Bemalen der Kunstwerke

Vorbereitung

Wenn die Stücke gebacken und erkaltet sind, können Sie sie mit feinem Sandpapier polieren; Sie können auch die Ränder leicht abfeilen, sie dann mit einem breiten, weichen und trockenen Pinsel säubern, um somit eventuell verbleibende Mehlreste zu entfernen, die beim Bemalen stören würden.

Empfohlene Farben

In diesem Buch habe ich Acrylfarben verschiedener Marken benutzt, da ich nicht immer den gewünschten matten, glänzenden oder perlmutternen Farbton bei derselben Marke gefunden habe. So konnte ich eine große Palette von Farben und Effekten ausprobieren.

Acrylfarben decken sehr gut und existieren in schönen Farbtönen. Man kann mit ihnen schöne Effekte erzielen, und sie lassen sich gut auf den Salzteig auftragen. Man kann parallel dazu auch Aquarellfarben oder deckende Wasserfarben verwenden.

Sie trocknen sehr schnell, so daß man unmittelbar danach auf die erste Schicht ein Detail hinzufügen kann. Jedoch Vorsicht : es ist schwierig, die erste Schicht zu korrigieren oder wegzuwischen. In diesem Fall muß man die Farbe schnell mit einem sauberen Lappen oder einem feuchten Schwamm entfernen.

Ein weiterer Vorteil der Acrylfarben besteht darin, daß sie wasserlöslich sind. Hände, Pinsel und die Deckel der Farbtöpfe, die man zum Mischen der Farben mit Wasser verwendet hat, lassen sich schnell und einfach säubern. Außerdem können Acrylfarben gut aufbewahrt werden.

Vorsicht : einige Verkäufer sagen, daß man Acrylfarben nicht lackieren braucht, was stimmt, aber in unserem Fall werden die Farben weder auf Papier noch auf Leinwand aufgetragen.

Holzfarben sind auch sehr interessant : sie behalten eine sehr schöne Transparenz. Man kann schöne Wirkungen erzielen, wenn man sie zusammen mit deckenden Farben verwendet. Auch Aquarellfarben ergeben hübsche Effekte. Wenn Sie die körnige Struktur des Salzteiges beibehalten und mit Effekten der Transparenz spielen wollen, können Sie auch Tinte (Typ Ecoline) verwenden, wozu wir Ihnen hier mehrere Beispiele vorstellen. Man findet diese Tinte in Farbenfachgeschäften. Ich verwende selten Wasserfarben und vermeide vor allem Deckweiß, da es sehr leicht bröckelt.

Lackieren

Das Lackieren ist unbedingt notwendig und läßt Ihre Kunstwerke leuchten; sie sehen sauberer und “fertiger” aus.

Es können verschiedene Lacke verwendet werden : Klar-, Matt- oder Seidenmattlack. Es ist jedoch empfehlenswert, einen Kunstharzlack zu verwenden, der gut vor Feuchtigkeit schützt. Es müssen zwei oder drei Schichten Lack aufgetragen werden.

Wenn Sie ein Detail vergessen haben oder etwas ausbessern möchten, können Sie auch noch mit der Farbe über den Lack malen, die Farbe trocknen lassen und erneut lackieren. Die Farbe darf nicht zu trocken sein, damit der Lack gut haftet.

Tip : tauchen Sie Ihre Pinsel in Spiritus.

Reparaturen

Wenn Ihr Salzteig infolge eines Stoßes zerbricht, verwenden Sie am besten schnelltrocknenden Klebstoff. Wenn es sich um eine saubere Bruchstelle handelt, halten Sie die beiden Bruchstücke zusammen. Sie können dann die Bruchstelle und den Klebstoff übermalen, um sie zu verdecken.

Die Pflege der Salzteigfiguren

Von Zeit zu Zeit sollten Sie mit einem Föhn oder mit einem dicken, trockenen Pinsel den Staub von den Salzteigfiguren entfernen.

Vorsicht : Verwenden Sie niemals einen feuchten Schwamm. Sie können dann vor dem nächsten Weihnachtsfest eine neue Schicht Lack auftragen, um sie wieder aufzufrischen.

Das Aufbewahren der Salzteigfiguren

Vorsicht ist geboten in der Küche und in Ferienhäusern : die Figuren könnten Feuchtigkeit aufnehmen, weich werden und herunterfallen...

Wenn Ihre Salzteigfiguren weich geworden sind, backen Sie sie nicht erneut, denn das würde die Farbe beschädigen. Legen Sie sie einige Zeit an einen trockenen Ort, damit sie wieder hart werden. Wie oben über die Pflege bemerkt, können Sie die Figuren erneut entweder auf einer Seite oder auf Vorder- und Rückseite lackieren, was sie auch vor Feuchtigkeit und Staub schützt.

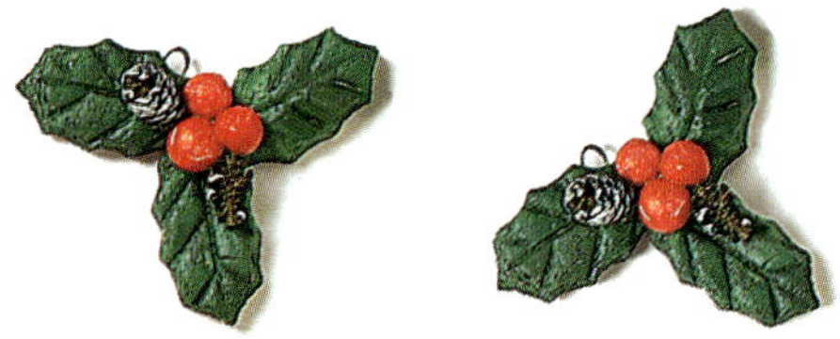

DIE WICHTIGSTEN SALZTEIGFIGUREN

Die Elemente die mit Ausstechformen gefertigt sind

In diesem Buch habe ich getrennt oder zusammen Elemente benutzt, die entweder mit Ausstechformen gefertigt oder modelliert worden sind. Die mit Ausstechformen gefertigten Elemente sind, wenn man sie allein benutzt, reizvolle Anhänger für den Tannenbaum, aber man kann damit auch Adventskränze und Kerzenhalter dekorieren oder sie als Zubehör für größere Figuren benutzen, usw. Je vielfältiger die Formen und die aufgemalten Muster sind, desto reicher wird die gesamte Dekoration sein.

Ausführung

Bestäuben Sie Ihre Arbeitsfläche mit Mehl. Rollen Sie den Salzteig mit einem Nudelholz 1/2 cm dick aus. Stechen Sie die Figuren mit den gewünschten Ausstechformen aus, indem Sie sie auf den Teig drücken.

Legen Sie die ausgeschnittenen Teigstücke nacheinander auf Alufolie auf das Backblech und stechen Sie dann mit Hilfe eines Trinkhalmes oben ein Loch hinein, durch das Sie dann später einen Draht oder ein hübsches Band ziehen können. Sie können auch in jede Figur einen gebogenen Draht stecken.

Sie werden sehen, daß man auch zwei Formen modellieren und anschließend mit Hilfe eines feuchten Pinsels aufeinander kleben kann.

Backen

"Naturbelassener" Farbton

Diese relativ dünnen Stücke (1/2 cm) backen bei 100° in etwa einer Stunde. Bei dieser Temperatur bleiben sie schön weiß.

"Goldener" Farbton

Wenn Ihre kleinen Stücke einen goldenen Farbton erhalten sollen, backen Sie sie 30 Minuten bei 100°. Holen Sie sie aus dem Backofen und bepinseln Sie sie dünn mit einer Mischung aus Wasser und Eigelb (ein oder zwei Eßlöffel Wasser pro Eigelb).

Backen Sie sie dann 30 Minuten bei 125°. Die Stücke erhalten einen schönen goldgelben Farbton.

Vorsicht : Kontrollieren Sie von Zeit zu Zeit, um sicher zu sein, daß die Stücke nicht verbrennen!

Lackieren

Es handelt sich hier um Salzteigfiguren mit mehr "rustikalem" Charakter : verwenden Sie einen Klarlack, der gut vor Staub und Feuchtigkeit schützt.

Bemalen

Ihrer Phantasie sind keine Grenzen gesetzt ! Selbst bei gleichbleibender Form sind viele verschiedene Ergebnisse möglich.

Hier sehen Sie ein Beispiel mit verschiedenen Dekorationsvorschlägen für dieselbe Modellierform. Die Tannenbäume wurden mit Acrylfarbe bemalt, sie können jedoch auch mit Deckfarben angemalt werden.

Zum Mischen der Farben benutzen Sie am besten eine Palette.
Die Tannenbäume werden mit einer Ausstechform 1/2 cm dick ausgestochen. Der Topf für den Tannenbaum wird aus einem ausgeschnittenen Rechteck gefertigt.

Befestigen Sie einen Aufhänger aus einem Stück gebogenen Draht an der Spitze des Tannenbaumes, oder stechen Sie mit einem Trinkhalm ein Loch hinein, durch das Sie dann später ein Band ziehen können.

Zur Erinnerung :

Backzeit : 1 Std. bei 100°.

Das Modellieren von Figuren

Die meisten Länder der Welt haben ihre eigenen Weihnachtsbräuche.
In unseren Ländern ist es Tradition, die Krippe, die Krippenfiguren, die Heiligen Drei Könige, Ochs und Esel, die Schafe unter den Tannenbaum zu stellen.
Der Weihnachtsmann, der Nikolaus, aber auch Kinder und Wichtelmännchen können zum Thema Weihnachten modelliert werden. Sie werden für diesen Anlaß viele Motive finden, um Figuren aus Legenden Ihrer Gegend zu erschaffen, wenn Sie an Ihnen liebgewordene Geschichten und Traditionen denken.
In diesem Buch finden Sie viele Figuren zum Aufhängen, Figuren, die Sie unter den Tannenbaum stellen oder an Kränzen befestigen können... Alle Einzelheiten zum Zubehör oder besondere Details werden angegeben.
Hier, am Beispiel der Hirtenfigur, sind die allgemeinen Anweisungen zum Modellieren einer Figur erklärt, die für alle in diesem Buch abgebildeten Figuren gelten. Weitere Einzelheiten sind auf S. 108 aufgeführt.

Kopf

Nehmen Sie etwas Teig und formen Sie eine glatte, leicht ovale Kugel. Legen Sie sie auf Alufolie und drücken Sie sie am Hals etwas zusammen.

Körper

Formen Sie eine Wurst, befestigen Sie sie am Hals, indem Sie die Wurst an dieser Stelle mit einem Pinsel etwas anfeuchten.
Das Anfeuchten ist ein Vorgang, der jedes Mal, wenn zwei Teigelemente miteinander verbunden werden, wiederholt wird. Das Wasser ist so etwas wie Klebstoff.

Drücken Sie die Wurst in der Mitte etwas ein, um die Taille zu formen.

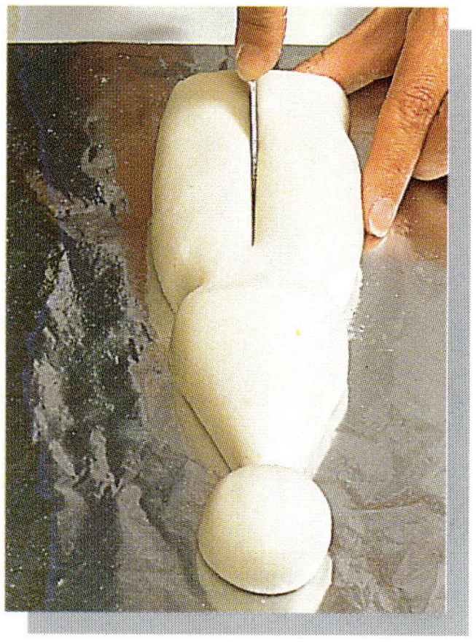

Schneiden Sie den unteren Teil der Wurst in zwei gleiche Teile, um die Beine zu bilden.

Die Arme werden aus zwei Würsten gefertigt. Wir lassen Sie ausgebreitet, bis die Figur angezogen wird.

Geben Sie den Beinen das Aussehen, als würden sie in Bewegung sein, indem Sie mit einer Stricknadel die Falten in der Hose markieren.

Kleidung

Auf der bemehlten Arbeitsfläche wellen Sie den Teig mit dem Wellholz dünn aus. Schneiden Sie die Kleidung in einfachen Formen aus, als würden Sie Stoff für Kleidung ausschneiden.

Setzen Sie den Arm an,
dann das erste Stück für die Jacke, indem Sie
es leicht mit einem Pinsel anfeuchten.
Mit Hilfe einer Nadel passen Sie sie
am Hals an.

Wiederholen Sie diesen Vorgang
für den zweiten Arm und das zweite
Stück der Jacke.

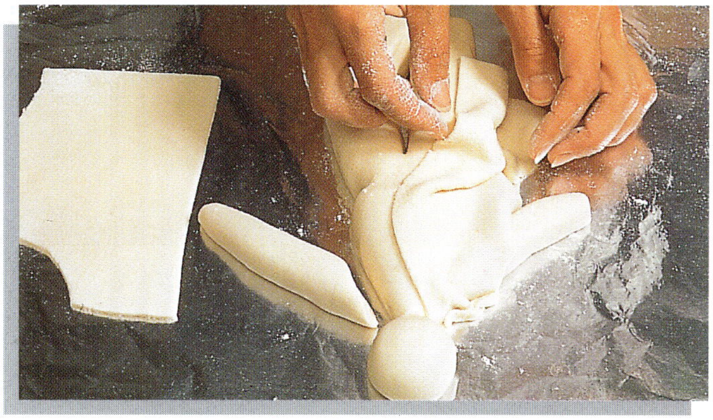

SCHUHE

Verschiedene Vorschläge leicht zu modellierender Schuhe : Holzschuhe, normale Schuhe, Stiefel, Stiefeletten.

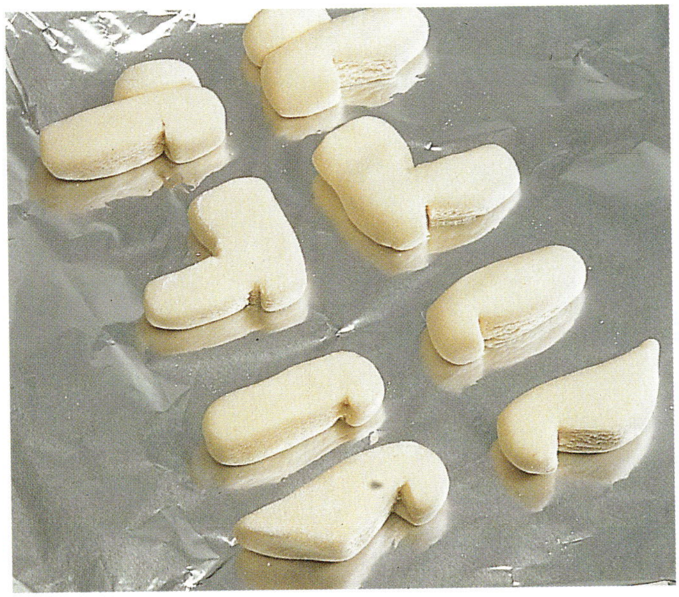

Holzschuhe

Formen Sie zwei kleine, gleichgroße ovale Kugeln. Stellen Sie die erste Kugel seitlich hin und bilden Sie eine leicht nach oben gerichtete Spitze, um dem Holzschuh seine typische Form zu geben.

Markieren Sie den Absatz mit dem Messer und schneiden Sie ihn aus. Befeuchten Sie ihn und gehen Sie zum zweiten Holzschuh über.

Hände und Fäustlinge

Sie werden ganz am Schluß angesetzt, nachdem die Arme befestigt sind.

Formen Sie zwei kleine, flache Kugeln.
Bei Fäustlingen wird nur der Daumen deutlich eingeschnitten.
Bei Händen wird der Daumen deutlich, die vier weiteren Finger nur leicht eingeschnitten.

Setzen Sie die Hände an die Arme, indem Sie sie leicht anfeuchten und den Ärmel mit einer Nadel etwas aushöhlen. Das Handgelenk wird in den Ärmel eingesetzt.

Dann werden die Hände in ihre endgültige Position gebogen.

Nase

Hier sehen Sie eine kleine, runde Nase für ein Wichtelmännchen oder ein kleines Kind.

Für eine männliche Figur kann die Nase ausgeprägter sein : bevor Sie die Augenbrauen aufsetzen, legen Sie beide Zeigefinger auf die Teigkugel und ziehen Sie den Teig leicht nach vorne. Mit einem Messer markieren Sie dann die Nasenflügel.

Umhang

Der Umhang besteht aus einem halbkreisförmigen Stück Teig, das in der Mitte durchgeschnitten wird (2 Viertelkreise).

Um das Revers des Umhangs zu bilden, schagen Sie die Ränder nach außen um.

Dann setzten Sie jeden Teil, indem Sie ihn leicht anfeuchten, an die Verbindung Kopf-Körper. Bringen Sie die Arme in die richtige Stellung.

Wiederholen Sie denselben Vorgang für den zweiten Arm.

Formen Sie eine kleine Kugel für den Knopf, den Sie unter den Kragen des Umhangs setzen.

Stechen Sie mit einer Stricknadel durch den Knopf.

Haare

Es gibt viele Möglichkeiten, Haare zu formen; die verschiedenen Figuren in diesem Buch haben sehr unterschiedliche Haare, die mit Hilfe von vier unerläßlichen Werkzeugen entstanden sind : Sieb, Knoblauchpresse, Messer, Töpferspritze.

Mit dem Sieb können Sie feine Haare formen, z.B. für Babies, Schafswolle und für die Augenbrauen, Bärte und Schnurrbärte.

Drücken Sie den Salzteig durch den Sieb; feuchten Sie den Kopf der Figur leicht an.

Nehmen Sie eine kleine Menge des durchgedrückten Teiges mit einem Messer ab.

Und legen Sie ihn auf den Kopf der Figur.

Verfahren Sie auf dieselbe Weise, um den Bart anzukleben.
Für die Augenbrauen verwenden Sie ein Sieb. Streichen Sie den Teig durch das Sieb.
Nehmen Sie dann einige der feinen Teighärchen und legen Sie sie mit dem Messer kreisbogenförmig auf das Gesicht.
Mit der Knoblauchpresse können Sie dickere Haare formen, z.B. für Wichtelmännchen oder kleine Kinder.

Wenn Sie den Teig fester in die Knoblauchpresse hineindrücken, erhalten Sie ein Haarpony, Zöpfe, ein Pferdeschwanz...
Mit der Töpferspritze erzielen Sie dasselbe Ergebnis.

FRISURENVORSCHLÄGE

Glatte Haare

Rollen Sie den Salzteig dünn aus und schneiden Sie ein Rechteck aus, auf das Sie mit dem Messer Rillen eindrücken.

Legen Sie dieses Rechteck um den leicht angefeuchteten Kopf.

Entfernen Sie dann überschüssige Teigreste.

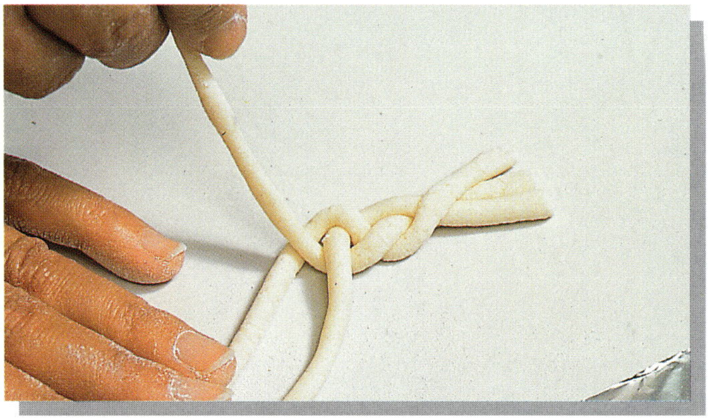

Geflochtene Zöpfe

Zöpfe werden wie die aus drei Strängen bestehenden Kränze gefertigt (siehe S. 43),

d.h. aus möglichst dünnen und gleichmäßigen Strängen, die gleichmäßig geflochten werden.

Setzen Sie die Zöpfe an beide Seiten des Kopfes.

Rattenschwänze

Schneiden Sie ein Rechteck aus Salzteig aus, drücken Sie mit dem Messer Rillen ein, und setzen Sie es auf den Kopf der Figur. Formen Sie einen Strang Salzteig mit der Töpferspritze.

Setzen Sie die Rattenschwänze an beide Seiten des Kopfes.

Setzen Sie das Haarpony an und biegen Sie die Haare regelmäßig auseinander.

Sie können anschließend kleine Schleifen oben auf die Rattenschwänze oder unten an die Zöpfe setzen.

VORSCHLÄGE

Hut

Formen Sie mit dem Zeigefinger eine Kugel und markieren Sie den Rand.

Drücken Sie dann mit einer Stricknadel in die Mitte der Kugel, um die Hutfalte zu markieren, dann schneiden Sie die hintere Seite des Hutes gerade ab.

Setzen Sie den Hut auf den Kopf der Figur und geben Sie ihm seine endgültige Form.

Mütze

Formen Sie einen Kegel, den Sie auf den angefeuchteten Kopf der gewünschten Figur setzen.

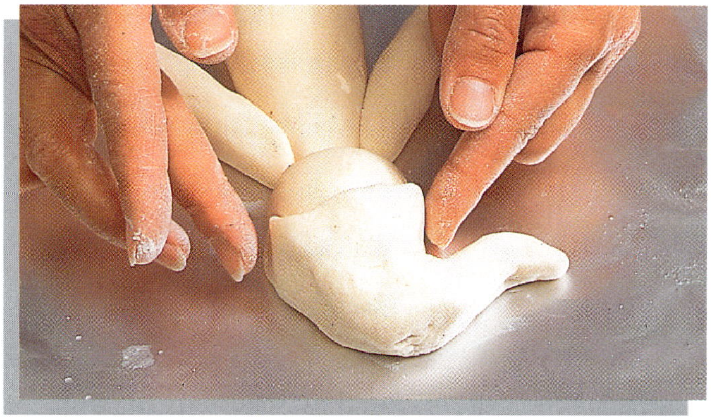

Sie können die Mütze in Form bringen, sie etwas schräg setzen. Erst wenn Sie den Kegel aufgesetzt haben, befestigen Sie die Haare des Zwerges, die über dem Rand der Mütze liegen.

Anschließend setzen Sie einen Pompon an die Spitze der Mütze. Feuchten Sie dazu die Spitze leicht an.

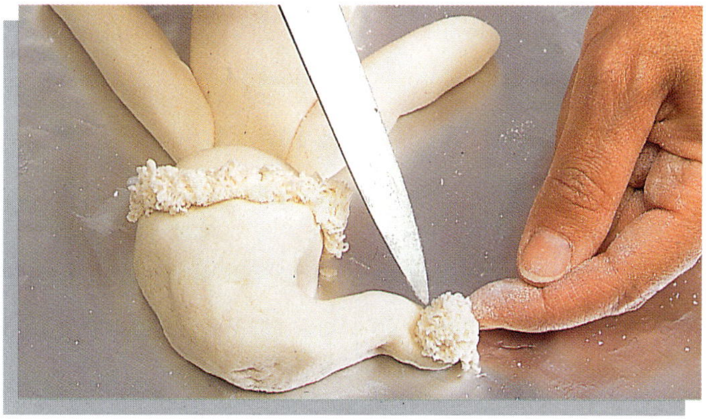

Gedrehte Formen

Sie können Kränze, Figuren zum Aufhängen am Tannenbaum, Serviettenringe und andere Tischdekorationen mit einem ungewöhnlichen Werkzeug herstellen : der Töpferspritze.
Diese Spritze können Sie mit verschiedenen Aufsätzen in Töpferfachgeschäften kaufen.
Hier stelle ich Ihnen verschiedene Modelle vor, die leicht nachzumachen sind : je nach Aufsatz erhalten Sie verschiedene Texturen und Stärken. Sie haben somit verschiedene Varianten für das Aussehen, das Sie Ihrem Salzteig geben können. Anschließend können Sie mit Früchten, Blumen, Tannenzapfen, Blättern usw. dekorieren.

Herstellung eines Kranzes

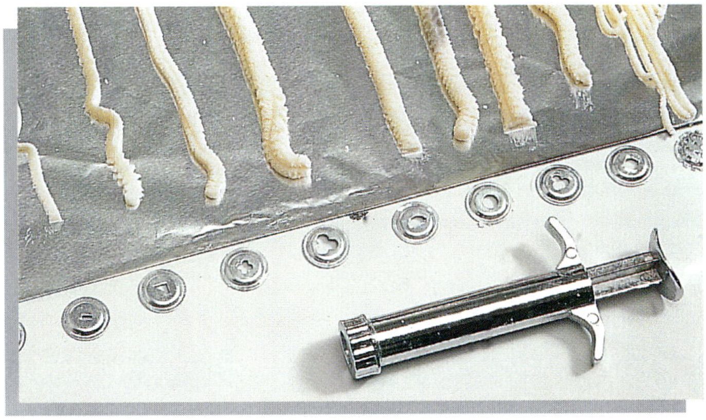

Drücken Sie den Teig durch den gewünschten Aufsatz. Formen Sie auf diese Weise zwei dünne Stränge und flechten Sie sie von der Mitte her. Formen Sie einen Kranz. Siehe : Kranz aus Stechpalmenblättern, Herzen und Sterne und doppelter Kranz in Herzform, S. 48-50.

Die Backzeit hängt von der Größe ab. Sie wird bei jedem in diesem Buch vorgestellten Modell angegeben (s. Kapitel "Die Tischdekoration, Dekoration zum Aufhängen, Tannenbaumdekoration").

Kränze

Einfache Kränze

Modellieren Sie einen dicken Strang und legen Sie ihn auf Alufolie. Dann drücken Sie ihn mit der Handfläche etwas flach.

Dekorieren Sie den Kranz dann mit den gewünschten Motiven oder mit sitzenden Figuren.
Siehe Adventskranz S. 57.

Kränze aus zwei Strängen

Ein aus zwei Strängen gewundener Kranz besteht aus zwei Strängen gleicher Dicke und gleicher Länge.

Legen Sie die Stränge über Kreuz auf die Alufolie (in der Mitte kreuzen) und winden Sie sie, indem Sie die Stränge immer regelmäßig nach außen legen.

Es ist wichtig, diese Technik zu benutzen und nicht an einem Ende zu beginnen. Der Zopf wird somit gleichmäßiger und die Stränge reißen nicht so leicht.

Legen Sie den Zopf zu einem Kranz. Schneiden Sie die Enden mit dem Messer gerade ab.

Feuchten Sie die Enden an und verbinden Sie sie miteinander. Dann können Sie ihren Kranz nach Ihrem Geschmack dekorieren, z.B. mit Früchten und Blättern, zwischen die man kleine Figuren setzen kann, usw. Siehe hierzu Kranz mit Zwillingen, Orangen und Zitronen, Christkind, Blumen und Herzen und Pilze, S. 51-56.

Kränze aus drei Strängen

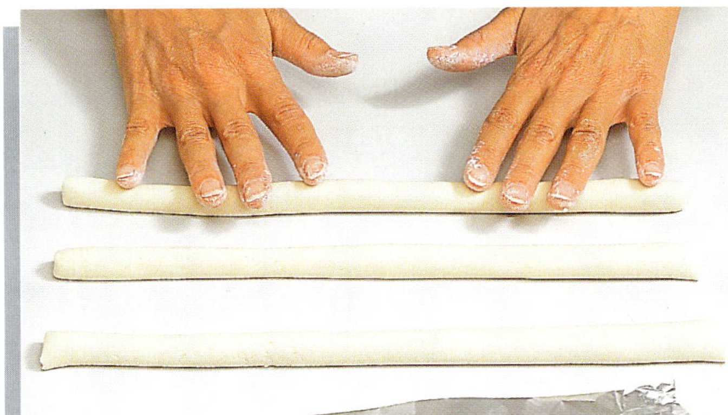

Modellieren Sie drei Stränge gleicher Dicke und Länge.

Flechten Sie sie regelmäßig von der Mitte nach außen hin.

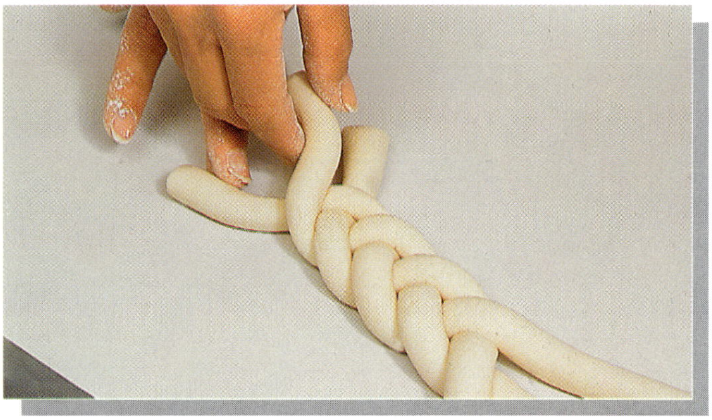

Die drei Stränge sollten möglichst regelmäßig sein.

Schneiden Sie die Enden gerade ab, befeuchten Sie die Nahtstelle mit einem Pinsel, um sie gut miteinander zu verbinden.

Backzeit : Kränze aus drei Strängen sind recht dick; sie benötigen im allgemeinen 3 Stunden Backzeit insgesamt.
Backen Sie sie 1 Stunde bei 100°, entfernen Sie das Alupapier und backen Sie sie noch einmal 2 Stunden bei 125°.

Strohkränze

Kein Weihnachtsfest ohne den traditionellen Türkranz! Er heißt Freunde willkommen. Wenn man ihn über den Tisch hängt, bringt er Glück.
Diese Kränze bestehen aus gepreßtem Stroh (Blumengeschäft oder Warenhaus). Sie können sie mit Stechpalmen, Tannenzweigen, Buchsbaum und mit Figuren aus Salzteig, die hineingesteckt oder aufgeklebt werden, dekorieren.
Der Vorteil des losen Hineinsteckens der Salzteigfiguren besteht darin, daß man sie jedes Jahr erneuern und somit die Dekoration durch verschiedene Salzteigstücke auffrischen kann. Sie können diese Strohkränze auch als Träger für Mobile aus Salzteig benutzen.

Strohkränze gibt es in verschiedenen Größen.

Sie können die Strohkränze mit noch feuchtem Moos bedecken, das Sie mit Angelschnur befestigen.
Dann können Sie Ihre Weihnachtsdekoration aus Salzteig hineinstecken, eventuell Bänder und Schleifen hinzufügen usw.

Nach der Hälfte der Backzeit sollte auf der Rückseite dieser Salzteigfiguren oder der mit Ausstechformen gefertigten Modelle ein Draht befestigt werden, mit dem man sie anschließend in den Kranz stecken kann.

Marie
Sophie
Baptiste
Marie

DIE TISCHDEKORATION

Kranz aus Stechpalmen

Kleine einfache mit einem Band verzierte Modelle, die man in die Teller der Gäste legt, Messerbänkchen mit Pailletten, goldfarbener Kerzenhalter für besondere Gelegenheiten, verschiedene Kränze... ungewöhnliche Dekoration für einen schönen Abend.

Pressen Sie mit der Topferspritze einen ersten Strang,

dann einen zweiten. Winden Sie die beiden Stränge von der Mitte ausgehend umeinander.

Legen Sie diesen ersten Kranz auf Alufolie in die richtige Form.

Wiederholen Sie den gesamten Vorgang für den zweiten - kleineren - Kranz, und legen Sie diesen in die Mitte des ersten Kranzes.

Schneiden Sie die Stechpalmenblätter mit einer Ausstechform aus. Legen Sie diese Blätter auf den Kranz und befeuchten Sie die Nahtstellen. Beide Kränze müssen bedeckt werden, damit beide an derselben Stelle mit den Blättern und Beeren bedeckt sind. Dies verstärkt und verbindet die beiden Kränze miteinander.

Backzeit : da es sich hier um einen eher lockeren Kranz handelt, ist die Backzeit kürzer : insgesamt 1 Stunde 30 Minuten. Backzeit 1 Std. bei 100°, entfernen Sie die Alufolie, dann 30 Minuten bei 125°.

Doppelter Kranz in Herzform

Dies ist ein hübsches Modell, das sich für ein Weihnachtsgeschenk, aber auch für den Muttertag und - warum nicht - für das ganze Jahr gut eignet...

Drücken Sie mit der Töpferspritze vier Stränge : zwei längere für die äußere, zwei kürzere für die innere Seite des Kranzes. Legen Sie sie in Herzform auf die Alufolie und verbinden Sie die Stränge durch Blätter und kleine Tannenzapfen, die Sie in den Salzteig drücken.

Kranz mit Herzen und Sternen

Verfahren Sie wie bei dem Stechpalmenkranz: pressen Sie zwei Stränge, die Sie dann umeinander drehen und die Sie dann anfeuchten und miteinander verbinden.

Legen Sie dann die mit Ausstechformen ausgeschnittenen Herzen und Sterne darauf, indem Sie sie jedes Mal befeuchten und übereinanderlegen.

Backzeit : insgesamt 1 Stunde 30 Minuten; eine Stunde bei 100°, entfernen Sie die Alufolie, dann 30 Minuten bei 125°.

Zwillinge im Kranz

Fertigen Sie einen Kranz aus zwei Strängen an. Modellieren Sie zwei Zwillingsmädchen und befestigen Sie sie (siehe "Modellieren von Figuren", S. 22). Jedes Mädchen hat einen Arm, der den Kranz berührt, als würde Sie an einem Fenster lehnen.

Backzeit : insgesamt 3 Stunden; eine Stunde auf 100°, dann 2 Stunden auf 125°. Nachdem Sie die Figuren bemalt und die gesamte Form matt lackiert haben, kleben Sie ein Stück Spitze um den Hals jedes Mädchens.

Kranz mit Orangen und Zitronen

Flechten und formen Sie einen Kranz auf Alufolie.

Stechen Sie Stechpalmenblätter aus.

Bilden Sie Apfel und Orangen und drücken Sie in jede Frucht eine Gewürznelke. Ordnen Sie abwechselnd Früchte und Blätter auf dem Rand des Kranzes an.

Um die Früchte nicht zu verformen, sollten Sie sie erst, wenn sie auf dem Kranz liegen, mit einer Nadel die körnige Schale markieren.

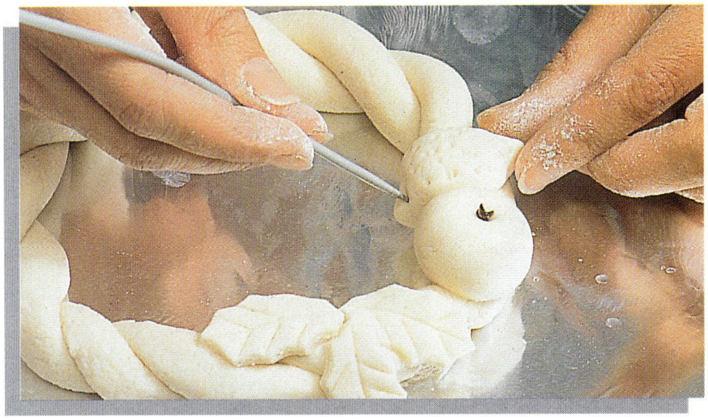

Vergessen Sie nicht, Stechpalmenbeeren hinzuzufügen.

Kranz mit Christkind

Der Kranz wird aus zwei Strängen gebildet. Backen Sie den Kranz, während sie das Christkind modellieren. Legen Sie das Christkind auf Teig, den Sie durch einen Sieb gestrichen haben, um Stroh darzustellen.

Backen Sie diese Figur 15 Minuten bei 100°; dann legen Sie sie auf den Rand des Kranzes, indem Sie ihn leicht befeuchten. Backen Sie das gesamte modellierte Stück 1 Stunde 30 Minuten bei 125°.

Kranz mit Blumen und Herzen

Lassen Sie Ihrer Phantasie freien Lauf beim Dekorieren Ihrer Kränze mit ausgestochenen Blättern und Herzen; Sie benötigen zwei bis drei Blätter pro Herz.

Mit dem Küchenmesser zeichnen Sie die Blattadern auf.

Ordnen Sie die Blätter, dann die Herzen an, indem Sie den Kranz leicht befeuchten.

Backzeit : 2 Stunden 30 Minuten insgesamt. Zuerst 1 Stunde bei 100°, entfernen Sie die Alufolie, dann 1 Stunde 30 Minuten bei 125°.

Kranz mit Herzen und Pilzen

Kranz mit Früchten und Tannenzapfen

Ich empfehle Ihnen, die Tannenzapfen zu waschen und trocknen zu lassen. Somit haben Sie beim Lackieren keine Staub- und Schmutzteilchen auf dem Pinsel.

Drücken Sie die Tannenzapfen leicht in den Salzteig. Sie backen so mit dem Kranz und behalten ihren endgültigen Platz.

Dieser Kranz ist mit Tinte (Typ Ecoline) bemalt, um transparente Effekte zu erzielen. Anschließend wird er lackiert. Die Erlenkörner werden aufgeklebt und anschließend mit etwas weißer Wasserfarbe leicht gefärbt.

Adventskranz

Dies ist ein deutscher Brauch : eine Art Adventskalender, um die Sonntage vor dem Weihnachtsfest zu zählen, indem man die vier Kerzen eine nach der anderen entzündet. Die erste wird am ersten Adventssonntag entzündet usw. bis Weihnachten.

Stechen Sie mit Ausstechformen viele verschiedenförmige Blätter und Blüten aus.

Dekorieren Sie den äußeren Rand des feuchten Kranzes,

dann den inneren Rand des befeuchteten Kranzes dicht mit Blättern.

Anschließend verteilen
Sie die Blüten in der Mitte,
d.h. zwischen den beiden Blätterreihen.

Wickeln Sie Alufolie um die vier Kerzen und drücken Sie sie in regelmäßigen Abständen in den Kranz. Entfernen Sie die Kerzen. Achten Sie darauf, daß auf dem Salzteig die Abdrücke der Kerzen deutlich sind und die Ringe aus Alufolie auf dem Teig verbleiben.
Nach der Hälfte der Backzeit entfernen Sie die Alufolie, damit der Kranz ganz trocknen kann.
Vervollständigen Sie die Dekoration, wenn nötig.

Backzeit : insgeamt 2 Stunden.
1 Stunde bei 100°, entfernen Sie die Alufolie,
dann 1 Stunde bei 125°.

Adventskranz mit Wichteln

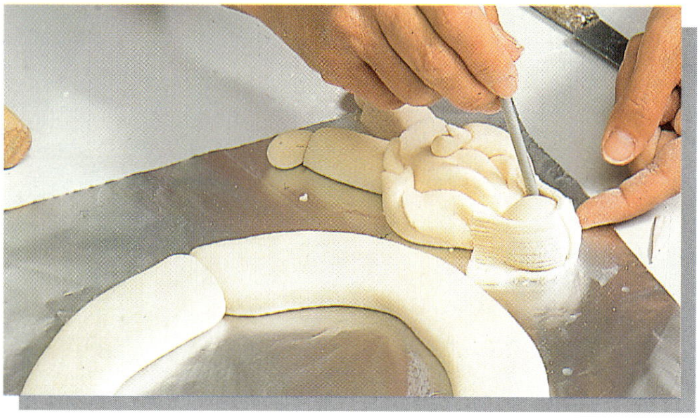

Hier wird wie bei dem einfachen Kranz ein dicker, flachgedrückter Strang benutzt. Schließen Sie den Kranz und drücken Sie ihn mit der Handfläche etwas flach. Er bildet die Grundlage des Adventskranzes.
Legen Sie ihn bei 100° in den Backofen.

Modellieren Sie während dieser Zeit vier Wichtel mit verschiedener Kleidung und Frisur. *Siehe hierzu* : "Modellieren von Figuren" und was im Kapitel "Dekoration zum Aufhängen" über das Modellieren von Figuren gesagt wird. Setzen Sie den Umhang, der aus einem Halbkreis ausgeschnitten wurde, an und passen Sie ihn am Hals mit Hilfe einer Stricknadel an.

Feuchten Sie den Kopf an und fügen Sie die Haare hinzu.

Formen Sie zwei Zöpfchen auf jeder Seite des Kopfes und setzen Sie die zwei Schleifchen auf.

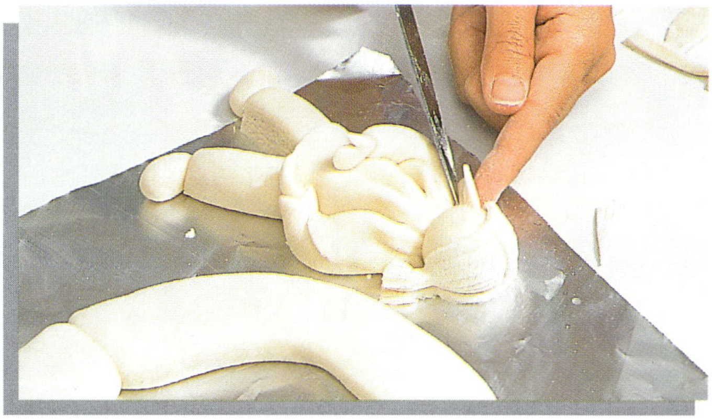

Setzen Sie die vier Wichtel auf den Rand des Kranzes. Damit sie sitzen bleiben, befestigen Sie am Rücken eine Stütze aus Alufolie.

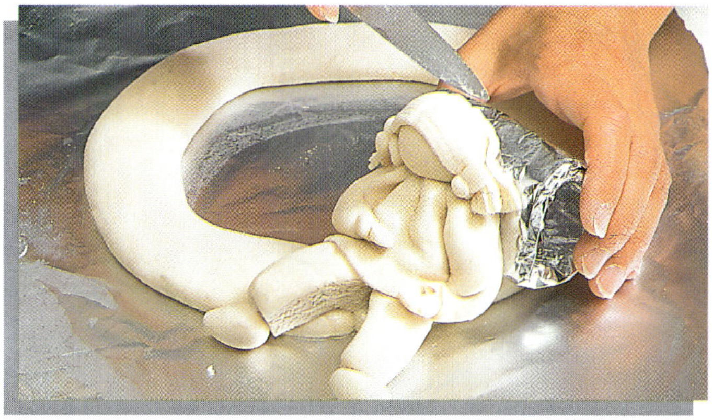

Vervollständigen Sie die Dekoration, indem Sie Moos ausschneiden und auf den Kranz kleben. Stecken Sie hier und da kleine Pilze mit einem Stück Draht ins Moos. Die Tannenzapfen werden festgeklebt. Sie können die Ränder der Tannenzapfen mit etwas weißer Farbe bemalen. Die Kerzen können leicht ausgewechselt werden, wenn sie durch ein kleines Stück Plastilin in den Händen der Wichtel festgehalten werden.

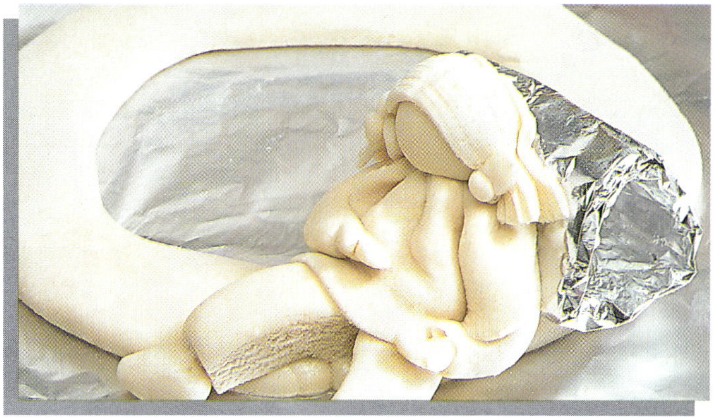

 **Backzeit:** insgesamt 3 Stunden 30 Minuten. Eineinhalb Studen bei 100° ; entfernen Sie alles Alupapier ; dann 2 Stunden bei 125°.

Die Wichtel werden mit Akrylfarbe bemalt und anschließend lackiert.

Musterzeichnung
in realer Größe.

Weinblatt und Weintraube

Hier sehen Sie ein originelles Modell, das als Kerzenhalter oder als Messerhalter, Kartenständer usw. dienen kann.

Wellen Sie den Salzteig dünn auf der bemehlten Arbeitsfläche aus und schneiden Sie das Weinblatt aus gemäß dem beiliegenden Muster, das Sie auf Karton durchpausen.

Formen Sie vielen kleine Kugeln, die die Weintraube bilden werden.

Zeichnen Sie mit einem Messer die Blattadern auf das Blatt.

Heben Sie das Blatt mit dem Messer an und legen Sie es auf eine kleine Holzrolle oder auf ein Gestell aus Alufolie, um dem Weinblatt einen Schwung zu verleihen.

Legen Sie die kleinen Teigkugeln in Traubenform auf das Blatt, wobei einige direkt auf dem Blatt aufliegen.

Backzeit : insgesamt 1 Stunde 50 Minuten; 1 Stunde bei 100°; entfernen Sie die Holzrolle oder das Gestell aus Alufolie, dann 20 Minuten bei 125°; entfernen Sie das Alupapier, auf dem das Kunstwerk liegt und backen Sie es nochmals 30 Minuten bei 125°.

TISCH UND ZUBEHÖR

Kleine naturfarbene Kerzenhalter

Rollen Sie den Salzteig 1/2 cm dick aus und stechen Sie mit runden Ausstechformen Motive aus. Umwickeln Sie die Kerzen mit Alupapier und drücken Sie sie in den Salzteig. Entfernen Sie die Kerzen. Achten Sie darauf, daß auf dem Salzteig die Abdrücke der Kerzen deutlich sind und die Ringe aus Alupapier auf dem Teig verbleiben. Feuchten Sie die Konturen jedes Kerzenhalters an und legen Sie darauf die ausgestochenen Dekorationen in Form von Herzen, Sternen, Kleeblättern usw.

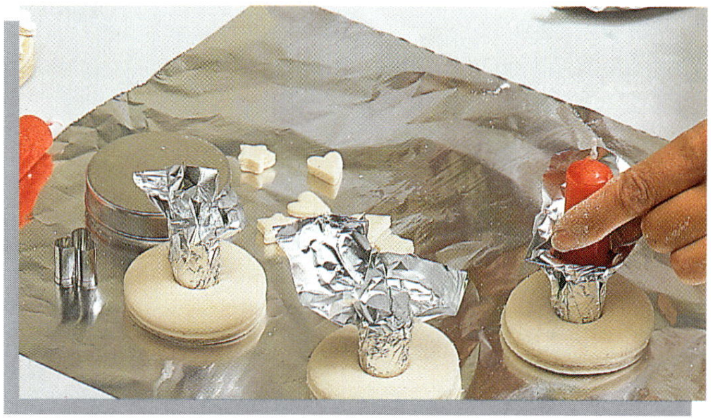

Kleine goldfarbene Kerzenhalter

Sie werden wie die naturfarbenen Kerzenhalter gearbeitet. Die Dekoration besteht aus ausgestochenen Blättern. Die Kerzenhalter werden mit Akrylfarbe in verschiedenen Goldtönen (gelbgold und rotgold) bemalt.

Weihnachtsbrief

Alles beginnt mit einem Brief an den Weihnachtsmann. Dies ist ein auch für Kinder sehr leicht herzustellendes Modell :
Schneiden Sie ein Rechteck aus dünn ausgerolltem Salzteig aus. Dekorieren Sie es mit einigen Stechpalmenblättern und -beeren. Schneiden Sie ein kleineres Rechteck und ein Dreieck aus. Legen Sie das kleine Rechteck auf das Dreieck.

Backzeit : insgesamt 1 Stunde; zuerst 30 Minuten bei schwacher Temperatur (75°), damit sich keine Luftblasen bilden, dann 30 Minuten bei 100°. Man kann anschließend mit einem Filzstift oder Tinte auf den Salzteig schreiben. Der Brief und der Umschlag werden mit einem Goldpaillettenlack aus der Sprühdose lackiert.

Tischmitte

Im Blumengeschäft finden Sie Kegel und Kugeln aus Kunstmoos.
Bedecken Sie sie mit frischem Moos oder mit Flechte und stecken Sie Ihre kleinen Kunstwerke aus Salzteig mit einem Stück Draht hinein, wie es bei dem Strohkranz beschrieben ist (S. 45). Verzieren Sie den Kegel mit Schleifen oder Bändern.

Tip : Wenn Sie diese Kegel für das kommende Jahr aufbewahren möchten, sollten Sie sie sorgfältig in Seidenpapier einwickeln und sie in eine Schachtel legen. So werden sie vor dem Verstauben geschützt und behalten ihre Pracht und Frische für das kommende Jahr.

Ständer für Menukarten

Modellieren Sie die Blätter und Äpfel. Beginnen Sie immer mit den Blättern und legen Sie die Früchte darauf; hier habe ich echte Apfelstiele verwendet.

Die Blätter der Äpfel sind mit einem Goldpaillettenlack aus der Sprühdose lackiert (zwei Schichten). Die Erlenkörner werden zum Schluß aufgeklebt und beim Auftragen der zweiten Lackschicht leicht lackiert. Sie können eine Karte hineinschieben, auf die Sie das Menu oder den Namen des Gastes schreiben können. Schreiben Sie das Menu oder den Namen mit einem goldfarbenen Filzstift.

Backzeit : ungefähr insgesamt 2 Stunden; 1 Stunde bei 100°, dann, nachdem Sie das Alupapier entfernt haben, noch einmal 1 Stunde bei 125°.

Serviettenringe

Die Ringe werden mit Hilfe der Töpferspritze gearbeitet (siehe S. 38).
Legen Sie einen Kreis aus gewundenem Salzteig auf die Alufolie und verkleben Sie die Enden, nachdem Sie sie mit einem Pinsel angefeuchtet haben. Ordnen Sie dann die Dekoration an, die aus Blättern, Blüten, Früchten, Pilzen usw. bestehen kann.

Die Serviettenringe wurden mit Tinte bemalt, was ihnen eine schöne Transparenz verleiht.

Backzeit : 1 Stunde bei 100°.

Goldfarbene Kerzenhalter

Formen Sie einen ziemlich dicken Strang. Legen Sie ihn in runder Form auf Alufolie (Verfahren wie für einfachen Kranz, S. 41). Drücken Sie ihn mit der Handfläche etwas flach. In die Mitte setzen Sie eine runde, mit Alufolie umwickelte Kerze. Ordnen Sie um die Kerze herum eine reiche Dekoration aus Blättern und kleinen Äpfeln an. Entfernen Sie die Kerze, nicht jedoch die Alufolie. Vervollständigen Sie die Dekoration.

Backzeit: insgesamt 2 Stunden 30 Minuten. 1 Stunde bei 100° ; entfernen Sie die Alufolie und bepinseln Sie das ganze Kunstwerk mit verdünntem Eigelb (ein Eigelb auf ein oder zwei Eßlöffel Wasser); dann 1 Stunde 30 Minuten bei 125° backen, bis der Kerzenhalter eine schöne goldgelbe Farbe erhält.

Nach Erkalten besprühen Sie ihn mit Paillettenlack. Setzen Sie die Kerze in den Kerzenhalter.

Korb

Modellieren Sie den Korb 2 bis 3 cm dick auf Alufolie. Dann setzen Sie den Griff, der aus zwei gedrehten Strängen besteht, an und befestigen ihn an jeder Seite des Korbes.
Zeichnen Sie mit einer Messerspitze Rillen auf den Korb.

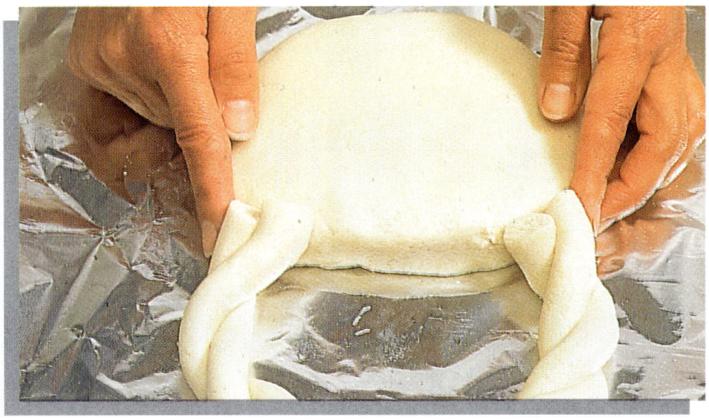

Dann drücken Sie mit zwei Gabeln, die Sie so halten, daß die Zinken sich berühren, auf den Teig, um Abdrücke zu hinterlassen.

Dieser Vorgang muß auf dem ganzen Korb wiederholt werden.

Anschließend fügen Sie Blätter, Äpfel und eine Weintraube hinzu.

Backzeit : Da der Teig dieses Modells sehr dick ist, muß insgesamt 4 Stunden 30 Minuten gebacken werden. 1 Stunde 30 Minuten bei 100°; entfernen Sie die Alufolie, dann 3 Stunden bei 125°.
Der Korb wird mit zwei Schichten Goldpaillettenlack besprüht.

Kartenspiel

Jede Karte kann am Kindertisch in jeden Teller gelegt werden. Eine angenehme Weise, am Tisch zu spielen, indem man auf das Essen wartet.

Backzeit : max. 1 Stunde bei 100°, denn es könnten sich beim Backen Luftblasen bilden.

DEKORATION ZUM AUFHÄNGEN

Schmücken Sie Ihre Wohnung oder Ihr Haus für die Festtage mit leicht herzustellenden Dekorationen, wodurch eine gemütliche Atmosphäre entsteht.
Außer der Türdekoration (hauptsächlich Kränze), können Sie auch Dinge an die Wände, Mobile an die Decke und Dekorationen ans Fenster hängen. Die von innen und außen schön dekorierten Fenster zwinkern uns zu.
Man kann Motive aufhängen, die die Kinder mit Ausstechformen in Form von Sternen, Männchen, Tannenbäumen, Vögeln usw. gefertigt haben.
Wenn Sie dann noch ein paar Kerzen hinzustellen, wirkt alles festlich.

Weihnachtskränze

Sie können auf diese Weise Kränze dekorieren, die Sie an die Tür hängen; die Kränze können aus Stroh, aus Moos, mit Lärche oder Tannenzweigen bedeckt sein, und Sie können kleine Salzteigfiguren mit Bändern daran befestigen. Girlanden und Kränze werden im Innern des Hauses aufgehängt. Man darf nicht vergessen, daß der Salzteig Feuchtigkeit aufnimmt; wenn Sie Ihre Salzteigkunstwerke zu dieser Jahreszeit draußen aufhängen, verformen sie sich und gehen kaputt.

Mobile mit Sternen und Engeln

Die Engel werden mit Ausstechformen 1/2 cm dick ausgestochen. Schneiden Sie die Flügel mit einem Messer aus.

Fertigen Sie mit Ausstechformen Monde, einfache Sterne, in der Mitte ausgehöhlte Sterne, Kometen verschiedener Größen und Formen an. Vergessen Sie nicht, jedesmal ein Loch mit einem Strohhalm zu machen, damit man die Figur mit einem Faden aufhängen kann. Backzeit der ausgestochenen Motive : 1 Stunde bei 100°.

 **Backzeit** : 10 Minuten bei 100° ; holen Sie sie aus dem Backofen heraus. Lassen Sie sie erkalten und befestigen Sie die Flügel am Rücken der Engel mit einer Stütze aus Alufolie. Vergessen Sie nicht, in den Kopf der Engel ein Stück gebogenen Draht zu drücken. Dann backen Sie die Figuren erneut 40 Minuten bei 125°. Die gesamte Backzeit beträgt also ca. 1 Stunde.

BEMALEN : Es gibt Acrylfarben in verschiedenen Goldtönen. Die Figuren müssen auf beiden Seiten bemalt werden.

MATERIAL : Einen Strohkranz, 35 cm Durchmesser, frisches Moos, Efeu, durchsichtige Angelschnur, Band, Schere, Stecknadeln.

Arbeitsanleitung für das Mobile

Bedecken Sie den Kranz vollständig mit Moos, indem Sie das Moos mit der Angelschnur befestigen. Das Stroh sollte völlig bedeckt sein. Dann wickeln Sie Efeu um den Kranz, das Sie mit Stecknadeln befestigen. Schneiden Sie das Band in drei oder vier gleichlange Stücke, binden Sie diese Stücke an einem Ende zusammen. So können Sie Ihren Kranz über den Tisch oder an einen Balken hängen. Hängen Sie die Salzteigfiguren nacheinander mit Hilfe der Angelschnur auf. Achten Sie darauf, daß das Gewicht gut verteilt ist.

Leitern

Modellieren Sie zwei Stangen für die Leiter sowie die Sprossen, auf die Sie dann die mit Ausstechformen gefertigten Motive setzen. Feuchten Sie die Motive jedes Mal an. Befestigen Sie in jeder Leiterstange ein Drahtaufhänger.

Backzeit : insgesamt 1 Stunde; 30 Minuten bei 100°, entfernen Sie die Alufolie, dann 30 Minuten bei 125°.

Kuckuck

Rollen Sie den Salzteig auf der leicht bemehlten Arbeitsplatte aus. Schneiden Sie den Boden, das aus zwei Rechtecken bestehende Dach, dann die beiden rechteckigen Seiten und schließlich einen kleinen Sockel aus, auf den Sie mit dem Messer Steine einritzen. Mit der Ausstechform fertigen Sie Stechpalmenblätter. Dann modellieren Sie kleine gleichmäßige Kugeln für die Beeren. Befestigen Sie zwei Halterungen im Boden des Häuschens, um dort die zwei kleinen Kinder anzubringen, die Sie nach den Anweisungen des Kapitels "Modellieren von Figuren" (S. 22) anfertigen.

Backzeit : insgesamt 2 Stunden; backen Sie die verschiedenen Teile 1 Stunde bei 100°. Setzen Sie dann die Teile des Kuckuckshäuschens zusammen. Feuchten Sie dazu die Nahtstellen leicht an. Dann erneut 1 Stunde bei 125° backen.

Häuschen

Wellen Sie den Salzteig 1 cm dick aus. Schneiden Sie die Fassade aus, zeichnen Sie die Fenster ein und schneiden Sie sie aus. Zeichnen Sie die Tür ein, zeichnen Sie mit dem Messer Rillen auf die Tür. Setzen Sie den Kamin auf, die erste Seite des Daches, dann die zweite Seite, indem Sie jedes Mal die Nahtstellen anfeuchten.

Vor das Häuschen legen Sie ein Stück Salzteig für den Weg, feuchten Sie ihn an, um ihn mit dem Häuschen zu verbinden. Dann legen Sie die Fensterläden an, die Weihnachtsdekoration um die Fenster, den Briefkasten, den Schnee, die beiden Vögel usw.

Backzeit : Wie beim Korb handelt es sich hier um ein großes Stück. Es muß mindestens 3 Sunden backen, d.h. 1 Stunde bei 100°, dann entfernen Sie die Alufolie, anschließend erneut 2 Stunden bei 125°. Wenn Ihnen das Häuschen nicht ganz trocken erscheint, backen Sie es noch eine halbe Stunde.

Kind mit Umhang

Für das Modellieren des Kopfes, des Körpers und der Kleidung siehe "Die wichtigsten Salzteigfiguren, Das Modellieren von Figuren".

Zum Schluß modellieren Sie die Frisur. Vergessen Sie nicht die Haarschleifen oder eine Mütze mit Pompon. Variieren Sie das Aussehen Ihrer Figuren durch verschiedene Details, z.B. hier durch den Umhang mit Fellrand. Das Fell erhalten Sie durch Pressen des Teigs durch ein Sieb.
Setzen Sie das Fell an den Mützenrand und an den Rand des Umhangs.
Fügen Sie den Kürbis hinzu, dann die Hände.

Backzeit : insgesamt 4 Stunden.
Zuerst 1 Stunde bei 100° ; entfernen Sie die Alufolie ; anschließend 3 Stunden bei 125°.
Diese Figur wurde mit Acrylfarben bemalt.

Wichteln mit Laterne

Für das Modellieren des Kopfes, des Körpers und der Kleidung siehe "Die wichtigsten Salzteigfiguren, Das Modellieren von Figuren". Modellieren Sie die Laterne. Sie sollte gut auf dem Bauch oder einem Bein des Wichtelmännchens aufsitzen. Setzen Sie den Laternengriff an, dann die Hände, die den Griff halten.

Backzeit : insgesamt 4 Stunden.
1 Stunde bei 100° ; entfernen Sie die Alufolie ; dann 3 Stunden bei 125°.
Diese Figur wurde mit Acrylfarben bemalt.

Kleines Mädchen mit Kerzenhalter

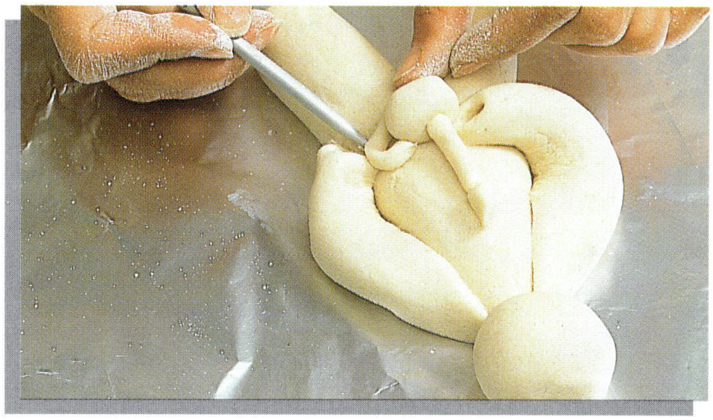

Bemalen Sie dieses kleine Mädchen mit fröhlichen Farben, die zum Weihnachtsfest passen. Die Details liegen hier in der Frisur, den Fäustlingen oder dem kleinen Taschentuch, das aus der Tasche hervorlugt.

Für das Modellieren des Kopfes, des Körpers und der Kleidung siehe "Die wichtigsten Salzteigfiguren, Das Modellieren von Figuren". Modellieren Sie den Kerzenhalter, der aus einer Kugel, einem Henkel, der Kerze mit Flamme besteht. Setzen Sie ihn auf den Körper des kleinen Mädchens und bringen Sie die Hände in die richtige Position. Der Kerzenhalter wird bei vielen Kunstwerken zur Dekoration benutzt, siehe z.B. die Serviettenringe.

Backzeit : insgesamt 4 Stunden. 1 Stunde bei 100°, entfernen sie die Alufolie, dann 3 Stunden bei 125°. Diese Figur wurde mit Acrylfarben bemalt.

Kleines Mädchen mit Kranz

Für das Modellieren des Kopfes, des Körpers und der Kleidung siehe "Die wichtigsten Salzteigfiguren, Das Modellieren von Figuren". Modellieren Sie einen kleinen Kranz nach dem Verfahren für den Kranz aus zwei Strängen und backen Sie ihn 30 Minuten bei 100°, damit er hart wird, bevor sie ihn in die Hände des Mädchens legen; dies ist wichtig, damit er sein Volumen behält. Legen Sie zuerst den Kranz hin und dann die Hände.

Backzeit : Das Mädchen und der Kranz backen zusammen insgesamt 4 Stunden, 1 Stunde bei 100°, 3 Stunden bei 125°.

Weihnachtsmann in Ruhe

Dies ist eine lustige Figur. Der Weihnachtsmann ist in allen Positionen dargestellt worden, zu Fuß, auf dem Rücken eines Esels, im Schlitten, auf Skiern, sitzend, stehend, gebeugt, fröhlich oder müde... Die Weihnachtsmänner sind im allgemeinen sehr aktiv, aber dieser hier hat beschlossen, sich ein bißchen auszuruhen - was er auch redlich verdient hat -, und er liegt unter einer Decke und einem Federbett.

Sie beginnen mit dem Schlitten, dessen Teile Sie 1 cm ausschneiden. Um den Schlitten herum legen Sie zwei gewundene Stränge, die Sie mit dem Messer abschneiden. Modellieren Sie zwei gleichgroße Füße und setzten Sie sie an.

Backzeit : insgesamt 4 Stunden. 1 Stunde bei 100°, entfernen sie die Alufolie, dann 3 Stunden bei 125°.

Rollen Sie einen Strang, um die Kufen zu formen, setzen Sie sie an und biegen Sie die Enden nach oben.

Für das weitere Modellieren richten Sie sich nach dem Foto. Feuchten Sie ihre Figur immer wieder an.

Zeichnen Sie die Blattadern auf die Stechpalmenblätter und ordnen Sie sie sowie die Beeren unten an den Kufen an.

Modellieren Sie den Kopf und den Körper des Weihnachtsmannes. Siehe hierzu das Kapitel "Das Modellieren von Figuren". Legen Sie ihn auf den Schlitten.

Zeichnen Sie Rillen in die Hose.

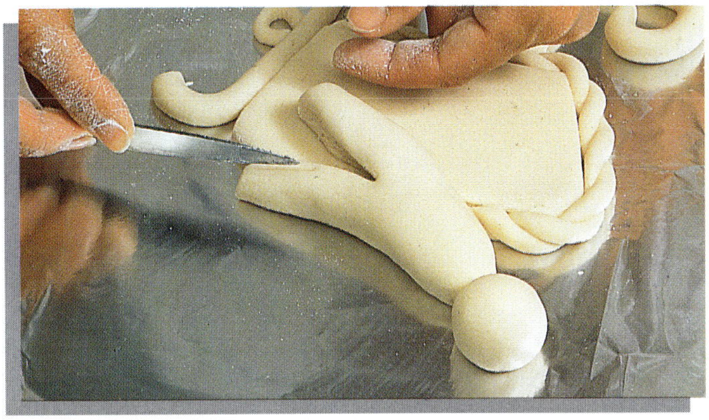

Setzen Sie die Arme an.

Legen Sie zuerst die Decke,

dann das Federbett darauf.

Drücken Sie die Ecken des Federbetts etwas zusammen.

Legen Sie die Arme auf das Federbett.

Setzen Sie die Mütze auf den Kopf.

Fügen Sie den Pompon und die Haare aus durch einen Sieb gedrückten Salzteig hinzu.

Bilden Sie einen Bart um das Kinn des Weihnachtsmannes.

Formen Sie eine kleine runde Nase.

Legen Sie ihm einen Schal mit Fransen um und setzen Sie die Fäustline an.

Weihnachtsmann mit Sack

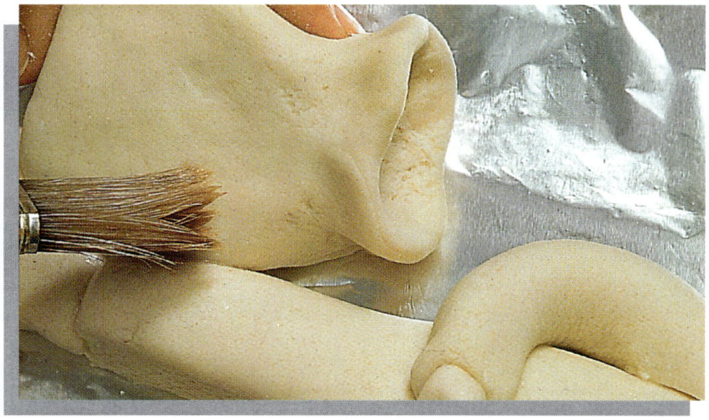

Für das Modellieren des Kopfes, des Körpers und der Kleidung siehe "Die wichtigsten Salzteigfiguren, Das Modellieren von Figuren".

Modellieren Sie den Sack des Weihnachtsmannes; feuchten Sie ein Bein an und legen Sie den Sack auf den Stiefel. Drücken Sie ihn leicht an. Höhlen Sie den Sack etwas aus.

Formen Sie die drei Bälle aus drei gleichmäßigen Kugeln, die Sie in den Sack hineinlegen. Sie müssen gut miteinander verbunden sein.

Modellieren Sie die verschiedenen Spielsachen oder fertigen Sie mit einer Ausstechform an : Puppe, Schaukelpferd, die sie nacheinander hineinlegen.

Backzeit : insgesamt 4 Stunden. 1 Stunde bei 100°, dann 3 Stunden bei 125°.

Nach dem Bemalen und Lackieren fügen Sie einen Pfeifenputzer hinzu, den Sie als Schnur um den Sack des Weihnachtsmannes legen und zusammenbinden.

Weihnachtsstrumpf

Weihnachten ist für Groß und Klein das schönste Fest des Jahres. Das lange Warten, die Vorbereitungen, das Treiben im ganzen Haus, von der Küche bis zum Dachboden, das alles regt zum Träumen an und läßt die Ungeduld der Kinder von Tag zu Tag größer werden. Dann kommt der Abend, an dem man den Hausschuh oder den Strumpf neben den Kamin oder den Tannenbaum hängt...
Hier zeige ich Ihnen einen Strumpf, den man an die Wand hängen oder auf den Kamin stellen kann.

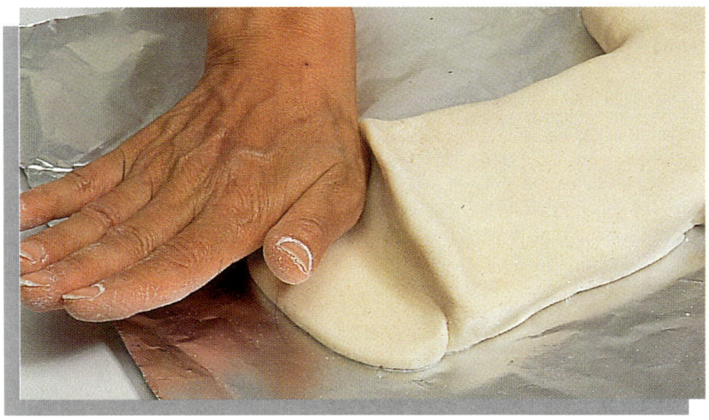

Breiten Sie den Salzteig mit der Handfläche auf Alufolie aus formen Sie einen Strumpf. Mit der Hand höhlen Sie den Sockel, auf dem die Dekoration angeordnet wird, etwas aus.

Legen Sie ein Band aus Salzteig herum und schneiden Sie überstehende Reste ab.

Modellieren Sie Kugeln und legen Sie diese als Glöckchen auf den Strumpf, indem Sie sie leicht anfeuchten.

Modellieren Sie das Spielzeug, das sie nach und nach dicht auf dem Sockel anordnen. Feuchten Sie es jedes Mal leicht an. Je mehr Spielzeug er enthält, desto schöner ist er.

Backzeit : Dies ist eine große Figur. Sie braucht insgesamt 6 Stunden Backzeit,
1 Stunde bei 100°, 5 Stunden bei 125°.
Sie wurde anschließend mit Acrylfarbe bemalt und lackiert.

Schneemänner

Für einen Schneemann :
Formen Sie die beiden Kugeln, indem Sie den Salzteig zwischen den Handflächen rollen : eine Kugel mit 6 cm Durchmesser, eine zweite mit 4 cm Durchmesser (ungefähr). Legen Sie die beiden Kugel aufeinander. Die größere bildet den Körper, die kleinere den Kopf.
Verbinden Sie die beiden Kugeln miteinander, indem Sie sie leicht anfeuchten und etwas andrücken.
Formen Sie kleine Kugeln für die Nase und die Knöpfe. Setzen Sie Ihrem Schneemann eine Mütze auf und binden Sie ihm einen Schal um. Setzen Sie die Arme an und die Fäustlinge.
Drücken Sie Häkchen ein, damit Sie die Schneemänner aufhängen können.

Backzeit : 2 Stunden, 1 Stunde bei 100°, 1 Stunde bei 125°.

Motive zum Aufhängen

Dies sind hübsche, leicht zu arbeitende Geschenke, die gut in ein Kinderzimmer, an ein Küchenregal oder einen Geschirrschrank passen. Man kann sie auch an den Seiten eines Fensters aufhängen. Sie bestehen immer aus Motiven, die mit einer Ausstechform 1 cm dick gefertigt werden. Legen Sie die Motive auf Alufolie; bohren Sie zwei Löcher mit einem Trinkhalm, damit die Motive mit einem hübschen Satin- oder Samtband miteinander verbunden werden können.

Backzeit : 1 Stunde 30 Minuten. 1 Stunde bei 100°, 30 Minuten bei 125°. Um Energie zu sparen, ist es ratsam, mehrere Backbleche gleichzeitig in den Ofen zu tun. Die mit Ausstechformen gefertigten Motive können für verschiedene Basteleien verwendet werden : naturfarben oder mit nur einem Detail in Farbe wie z.B. die Häschenfiguren, oder Sie können sie ganz bemalen.

Wörter: Weihnachten, Christmas

Mit diesem Verfahren für Buchstaben, können Sie unzählige Kombinationen für Dekorationen anfertigen... anderen Freude bereiten, indem Sie sich selbst Freude machen. Mit den Buchstaben können Sie den Gästen ihre Plätze zuweisen. Sie sind leicht aus Salzteigsträngen herzustellen oder können mit Ausstechförmchen gefertigt werden.

Die Salzteigstränge müssen die gleiche Dicke haben. Schneiden Sie Buchstaben aus, kleben Sie sie aneinander, indem Sie sie anfeuchten. Diese Etappe ist sehr wichtig, denn das Wort muß an einem Stück sein. Sie können Dekorationen, die Sie mit Ausstechformen angefertigt haben, hinzufügen, Sie können die Buchstaben oder das Wort auch so belassen und nach dem Backen hübsch bemalen.

Backzeit : insgesamt 2 Stunden.
1 Stunde bei 100° ; entfernen Sie vorsichtig die Alufolie ; dann 1 Stunde bei 125°.

Medaillons (massiv)

Wellen Sie den Salzteig auf der leicht bemehlten Arbeitsfläche 1/2 cm dick aus. Schneiden Sie die Medaillons mit einer Ausstechform aus dem Salzteig aus; stechen Sie ein oder zwei Löcher mit dem Trinkhalm hinein, je nach Größe des Medaillons. Feuchten Sie die Medaillons mit dem Pinsel an und ordnen Sie die gewünschten ausgestochenen Motive darauf an.

Backzeit : 2 Stunden, 1 Stunde bei 100°, um Blasenbildung zu vermeiden, dann 1 Stunde bei 125°.

Ausgehöhlte Medaillons

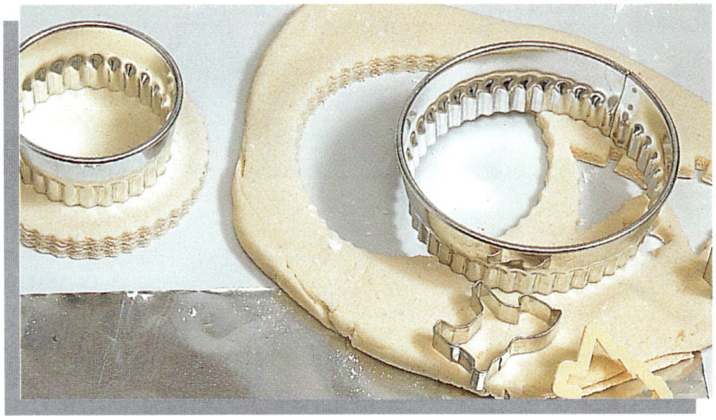

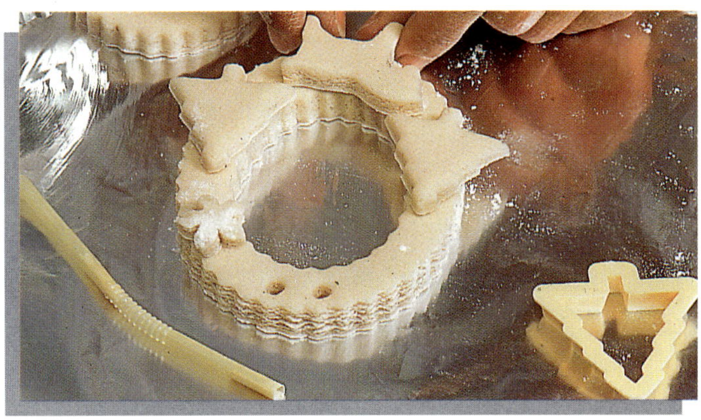

Schneiden Sie mit einer Ausstechform aus 1/2 cm dickem Salzteig runde Medaillons aus. Lösen Sie die Mitte mit einer kleineren Form heraus. Legen Sie die Medaillons auf Alufolie, indem Sie ihnen eine ovale Form verleihen. Ordnen Sie die Dekoration auf den Rändern an, indem Sie sie leicht anfeuchten. Stechen Sie mit einem Trinkhalm zwei Löcher in die Medaillons, damit Sie nach dem Lackieren ein Band zum Aufhängen durchziehen können.

Backzeit : insgesamt 2 Stunden, 1 Stunde bei 100°, um Blasenbildung zu vermeiden, dann 1 Stunde bei 125°

DIE TANNENBAUMDEKORATION

Das Schmücken des Tannenbaumes ist der Augenblick, den ich am liebsten habe, und alle warten darauf. Das Schöne in den Bergen ist, daß man den Tannenbaum direkt vom Förster bekommen kann, der ihn im letzten Moment fällt. Somit verliert der Tannenbaum die Nadeln nicht so schnell. Dies ist zu einem Familienritual geworden. Man öffnet große Hutschachteln und wickelt Girlanden aus Salzteig, Kugeln und mit Ausstechformen gefertigte Figuren, die man von einem Jahr bis zum anderen ganz vergessen hatte aus Seidenpapier aus. Bei dieser Gelegenheit wird auch gezankt. Alle helfen beim Schmücken mit, bis der Tannenbaum bei Groß und Klein Beifall findet. Es gibt unzählige Möglichkeiten und Kombinationen, Ihren Tannenbaum zu Weihnachten zu schmücken : hier sind einige Vorschläge.

Figuren zum Aufhängen

Auf meinen Reisen durch Frankreich und im Ausland vervollständige ich meine Sammlung an Ausstechformen. Es gibt sehr verschiedene Formen aus rostfreiem Metall oder aus Plastik. Den ganzen Dezember über können Sie Ihr Weihnachtsgebäck herstellen, was allen große Freude bereitet, und bei dieser Gelegenheit kann man auch aus Salzteig Giraffen, Ponys, Bären, Hasen, Gänse, Männchen und Pilze ausschneiden und bemalen, die dann am Tannenbaum zu den traditionellen Herzen, Monden, Sternen und Engeln hinzukommen.

Schneiden Sie Ihre Motive 1/2 cm dick mit verschiedenen Ausstechformen in unterschiedlichen Größen aus. Sie können sie mit Eigelb bepinseln oder sie nach dem Backen auf beiden Seiten bemalen und lackieren. Sie können Sie auch mit Eigelb bepinseln uns sie nach dem Backen mit Goldpaillettenlack besprühen, siehe "Modellieren der wichtigsten Salzteigfiguren".

Tip : Waschen Sie ihre Ausstechformen aus Blech oder Metall gründlich nach Gebrauch, denn das Salz kann sie beschädigen, und sie rosten dann schneller. Trocknen Sie sie gut ab, oder legen Sie sie einige Zeit in den warmen Ofen, bevor Sie sie wegräumen.

Girlanden

Modellieren oder fertigen Sie mit Ausstechformen viele Herzen, Tannenbäume, Sterne, die Sie anschließend auf beiden Seiten bemalen und lackieren. Befestigen Sie sie dann an einer roten oder grünen Kordel, indem Sie sie nacheinander festnähen.

Kartenspiel als Geschenkanhänger

Weihnachten ist die Zeit der Geheimnisse. Niemand darf wissen, was die in den Schränken versteckten Päckchen enthalten. Und es ist eine angenehme Beschäftigung, die Geschenke zu verpacken, das Papier, die passenden Bänder und Kordeln auszuwählen, den Namen dessen, für den das Geschenk bestimmt ist, auf ein Kärtchen zu schreiben, das man sorgfältig aufbewahrt. Geben bereitet ebenso viel Freude wie Bekommen.

Diese Kärtchen werden nach dem Modell eines Kartenspiels gefertigt (S. 71). Sie müssen jedoch ein Loch hineinstechen, damit man sie an die Geschenke hängen kann.

Adventskalender

Dies ist ein schöner Brauch, ab dem 1. Dezember Weihnachten vorzubereiten. Mit dem Adventskalender können Sie die Tage bis Weihnachten zählen.

MATERIAL :

Sperrholz, Papier und Bleistift, 1 Säge (Stichsäge), ein kleiner Topf weiße Farbe Bleiweiß, 1 Aufhänger, 48 kleine Nägel. Lassen Sie sich von den Tannenbaum-, und Häuschenfotos leiten um ihre Form auf Sperrholz zu übertragen und sägen Sie sie aus. Schleifen Sie das Holz eventuell etwas ab. Tragen Sie eine Schicht weiße Farbe auf und lassen Sie sie trocknen. Schlagen Sie 24 kleine Nägel in regelmäßigen Abständen ein. Befestigen Sie den Aufhänger, damit man das Ganze an die Wand hängen kann. Schlagen Sie die verbleibenden 24 Nägel in den Tannenbaum ein. Darunter hängen Sie die mit Ausstechformen gefertigten Salzteigmotive, die das Kind nacheinander jeden Tag in den Tannenbaum oder das Häuschen hängen kann.

Schlitten

Modellieren Sie alle Teile des Schlittens und backen Sie sie 20 Minuten bei 100°. Setzen Sie die Teile zusammen, indem Sie sie anfeuchten. Sie können, wenn nötig, einen Zahnstocher in jeden Teil stecken, um den Schlitten stabiler zu machen. Backen Sie ihn erneut 30 Minuten bei 125°.
Stellen Sie den kleinen Schlitten auf den Gehweg vor das Häuschen.

Der Schlitten des Weihnachtsmannes

Am Abend vor der großen Reise zieht der Weihnachtsmann sein wärmstes Gewand an, schlüpft in seine gefütterten Stiefel und setzt sich in seinen Schlitten. Während der ganzen Nacht fährt er auf seinem Schlitten und zieht seine kostbare Ladung durch den Sternenhimmel. Von Zeit zu Zeit verschwindet er in einem Kamin und legt die Geschenke unter den Tannenbaum.

Bei diesem Kunstwerk brauchen Sie zum Bemalen viel Zeit, aber das Bemalen ist abwechselungsreich und macht Freude. Vor dem Bemalen müssen Sie das überschüssige Mehl mit einem dicken, trockenen und weichen Pinsel entfernen.
Ich habe ausschließlich Acrylfarben benutzt und anschließend Mattlack.

Backzeit : Dies ist ein großes Kunstwerk. 6 Stunden bei 100° (!), dann 5 Stunden bei 125°.

"Santons"-Figuren

In Frankreich ist es Brauch, an Weihnachten die Krippe mit den sogenannten "Santons", d.h. Figuren, die verschiedene Berufe darstellen, aufzustellen; man kann so jedes Jahr neue Figuren verschiedener Berufsgruppen hinzufügen, die Kostüme und Körperhaltungen variieren.

Hirte

Für den Kopf, den Körper und die Kleidung vgl. "Die wichtigsten Salzteigfiguren, Das Modellieren von Figuren".

Wellen Sie den Salzteig aus und schneiden Sie einen Halbkreis aus,

den Sie in der Mitte halbieren, um die beiden Teile des Umhangs zu bilden.

Dieser Umhang wird ein Muster erhalten, indem Sie mit einem passenden Knopf auf den Teig drücken.

Schlagen Sie das Revers des Umhangs um. Legen Sie das erste Stück des Umhangs durch Anfeuchten an.

Der Hirte wurde mit Tinte *(Ecoline)* bemalt, wodurch die Motive auf dem Umhang eine schöne Transparenz erhalten. Er wurde matt lackiert. Das Moos wird zum Schluß mit Holzleim angeklebt.

Backzeit : insgesamt 4 Stunden. 1 Stunde bei 100°, entfernen Sie die Alufolie, dann 3 Stunden bei 125°.

Trommelspieler

Für den Kopf, den Körper und die Kleidung vgl. "Die wichtigsten Salzteigfiguren, Das Modellieren von Figuren". Modellieren Sie die Trommel und setzen Sie sie an die Figur. Die Trommel sollte auf einem Bein aufsitzen.

Dann befestigen Sie den Gurt der Trommel, dann die Hand, die leicht über den Gurt gebogen ist.

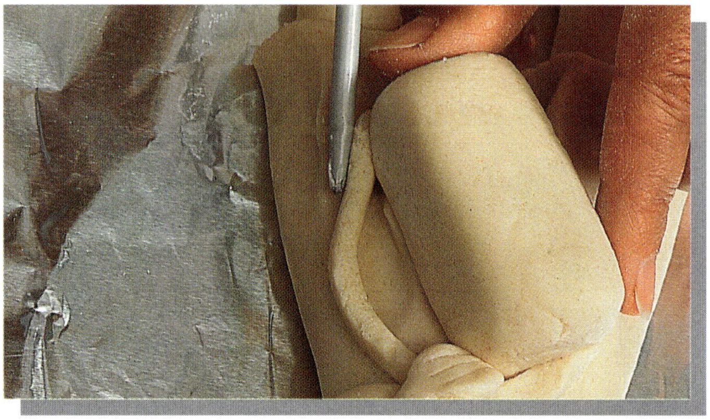

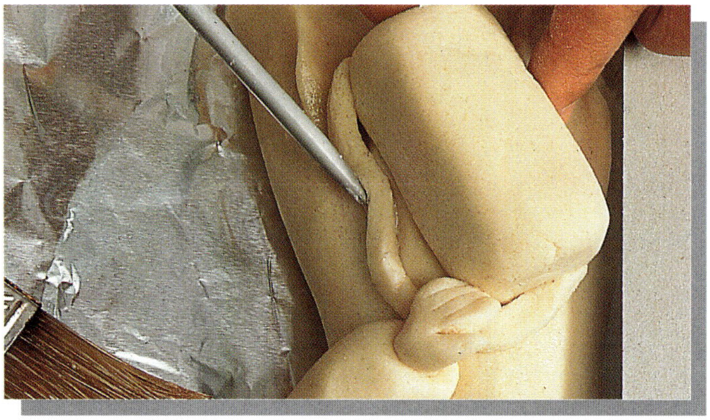

Backzeit : insgesamt 4 Stunden. 1 Stunde bei 100°, entfernen Sie die Alufolie, dann 3 Stunden bei 125°.

Knoblauchverkäuferin

Für den Kopf, den Körper und die Kleidung vgl. "Die wichtigsten Salzteigfiguren, Das Modellieren von Figuren".
Der Knoblauchzopf besteht aus zwei kleinen gedrehten Strängen, die auf der Schürze der Verkäuferin liegen. Fügen Sie auf beiden Seiten des Zopfes Knoblauchknollen hinzu : formen Sie kleine, leicht spitz zulaufende Kugeln aus Salzteig.

Backzeit : insgesamt 4 Stunden. 1 Stunde bei 100°, entfernen Sie die Alufolie, dann 3 Stunden bei 125°.

Balthasar

Rollen Sie den Salzteig 1 cm dick aus. Schneiden Sie die Fassaden der Häuser aus, die als Hintergrund für dieses Kunstwerk dienen. Verbinden Sie diese Fassaden miteinander, indem Sie sie anfeuchten.

Formen Sie einen Strang für den Stamm der Palme, neigen Sie den Stamm leicht in eine Richtung und fügen Sie die Palmenblätter einzeln hinzu. Anschließend modellieren Sie den Feigenkaktus aus kleinen, flachen Kugeln. Setzen Sie die Feigen an das Ende der Blätter.

Sie können den Hintergrund mit verdünnten Acrylfarben bemalen. Die Kleidung des Weisen wurde ausschließlich mit perlmutternen und goldbraunen Farben bemalt.

Die Figur wurde matt lackiert. In die Truhe kommt ein wenig Klebstoff, auf den Sie verschiedenfarbige Pailletten streuen. Die Truhe bekommt somit einen besonderen Glanz.

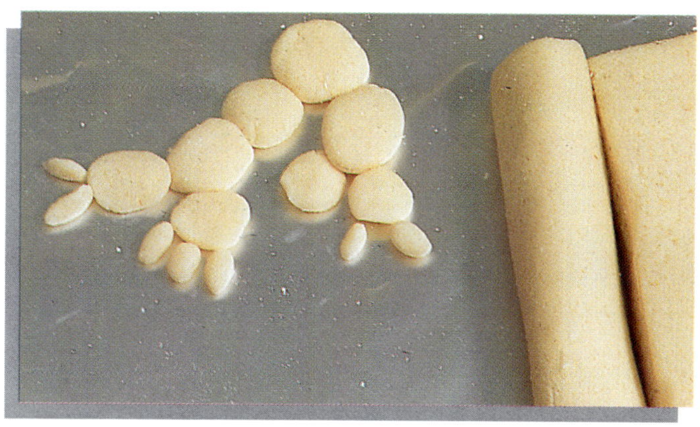

Backzeit : insgesamt 4 Stunden. 1 Stunde bei 100° ; entfernen Sie die Alufolie ; dann 3 Stunden bei 125°.

Krippe

Für das Modellieren siehe die verschiedenen Techniken, die unter den Titeln "Das Modellieren von Figuren, Schlafender Weihnachtsmann" vorgestellt werden.

Nach dem Backen und Erkalten entfernen Sie überschüssiges Mehl und Staub mit einem dicken, weichen und trockenen Pinsel.

Das Bemalen der Krippe :

Material : perlmutterne Acrylfarben, eine kleine Schachtel Aquarellfarben, Pinsel aus Naturhaaren Nr. 2, 4, 6 und 8, Wasser, Lappen.

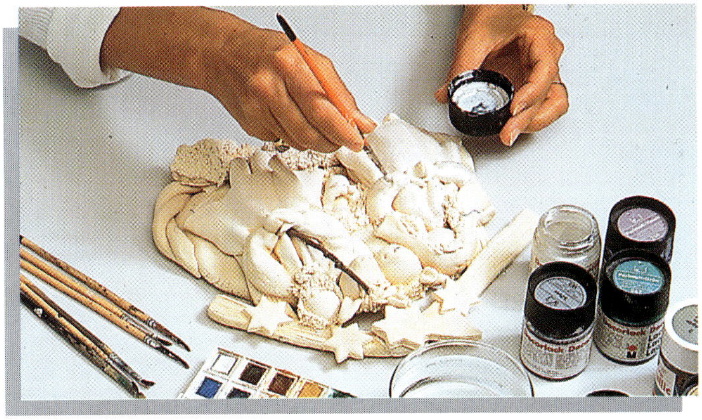

Bemalen Sie das Kleid von Maria mit Pinsel Nr. 8 in perlmutterweiß.

Malen Sie das Stroh des Jesuskindes mit Pinsel Nr. 4 an,

dann die Pfosten der Krippe mit verdünnter Aquarellfarbe.

Färben Sie dabei manche Stellen etwas dunkler.

Die Sterne werden mit ganz heller goldener Acrylfarbe gemalt.

Der pelzgefütterte Mantel von Joseph wird mit verdünnter brauner Aquarelltusche bemalt.

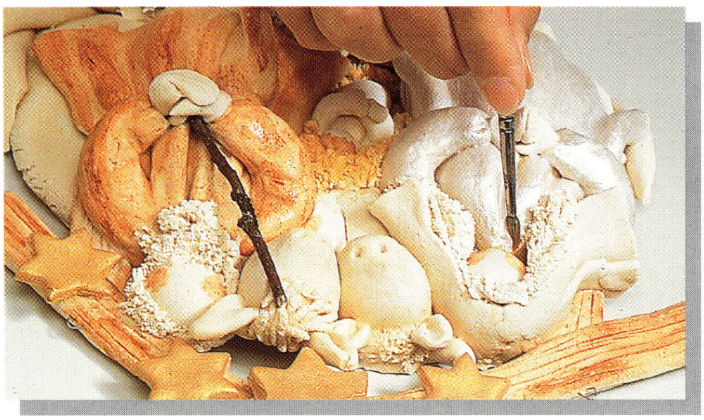

Benutzen Sie auch Aquarellfarbe, die besonders gut für das Bemalen der Gesichter geeignet ist, um die Wangen aufzumalen, die Sie dann mit den Fingern leicht verwischen.

Mischen Sie malvenfarbene und weiße perlmutterne Farbe und bemalen Sie damit den Schleier Marias.

Um dem Kleid etwas Bewegung zu verleihen, malen Sie mit derselben Farbe Falten auf das Kleid auf. Wiederholen

Sie den Vorgang für das Jesuskind.

Betonen Sie den Zopf, der das Kunstwerk umrandet, mit goldener Acrylfarbe.

Josephs Augen werden mit Pinsel Nr. 2 und Aquarellfarben gemalt,

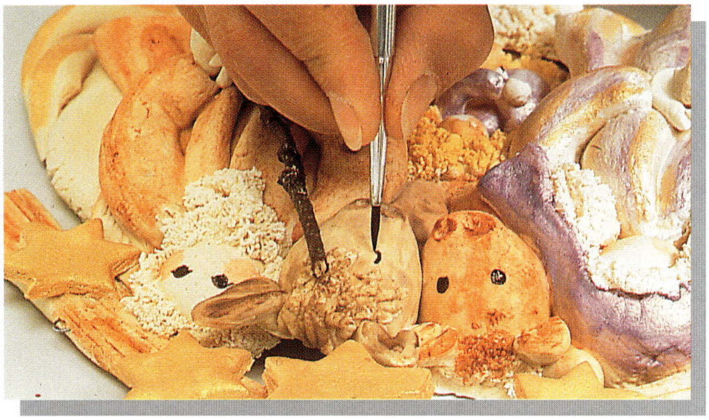

sowie die Augen von Ochs und Esel

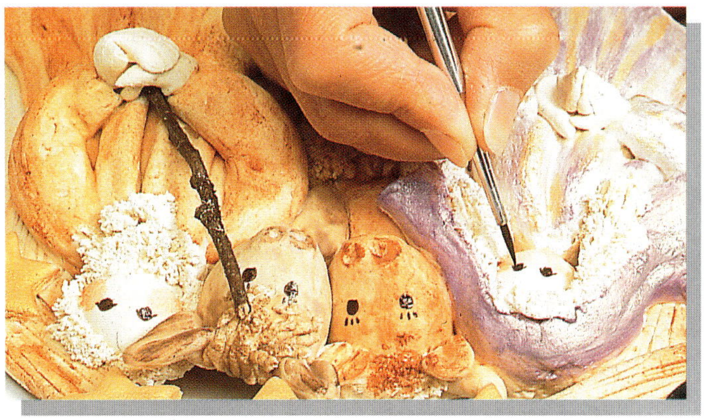

Marias Augen bekommen noch Augenbrauen.

Malen Sie die Nasen von Maria und Joseph durch zwei kleine Punkte auf. Malen Sie jeweils den Mund auf.

Bei Ochs und Esel können Sie Augenwimpern aufmalen.

Erst ganz am Schluß fügen Sie in jedes Auge einen kleinen weißen Punkt hinzu. Dies schenkt ihren Augen einen Blick. Dieser letzte Pinselstrich ist eine Art Belohnung, denn plötzlich werden die Figuren lebendig! Es scheint, als würden die Figuren Sie oder das Kind an Ihrer Seite, das mit Ihnen auf diesen magischen Augenblick wartet, anschauen, und es wird unweigerlich ein Freudenstrahlen über Ihre Gesichter gehen.

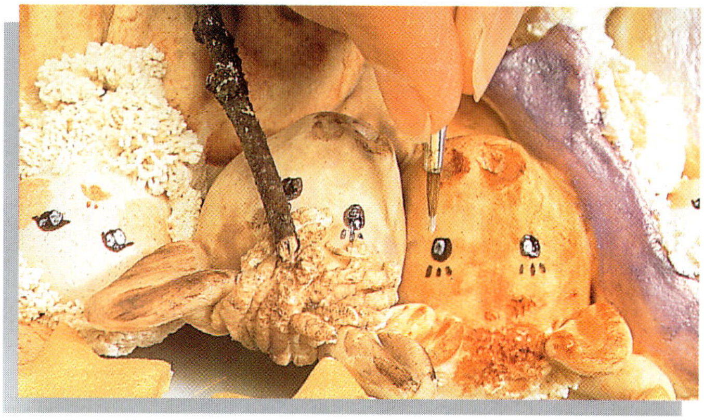